224

1/

HISTORIQUE

DES

TROUPES COLONIALES

CAMPAGNE DE CRIMÉE

AF503346

AVEC TROIS GRAVURES DANS LE TEXTE

(Extrait de la *Revue des Troupes coloniales.*)

8° Lh4
2509

PARIS
HENRI CHARLES-LAVAUZELLE
Éditeur militaire
10, Rue Danton, Boulevard Saint-Germain, 118
(MÊME MAISON A LIMOGES)

BIBLIOTHÈQUE NATIONALE R.F. IMPRIMÉS

HISTORIQUE

DES

TROUPES COLONIALES

CAMPAGNE DE CRIMÉE

8° Lh4 2509

DROITS DE REPRODUCTION ET DE TRADUCTION RÉSERVÉS

HISTORIQUE

DES

TROUPES COLONIALES

CAMPAGNE DE CRIMÉE

(Extrait de la *Revue des Troupes coloniales.*)

PARIS
HENRI CHARLES-LAVAUZELLE
Éditeur militaire
10, Rue Danton, Boulevard Saint-Germain, 118

(MÊME MAISON A LIMOGES)

HISTORIQUE

DES

TROUPES COLONIALES

CAMPAGNE DE CRIMÉE

I

Formation du régiment d'infanterie de marine destiné à l'armée d'Orient.

Au moment où allait s'ouvrir la campagne de Crimée, le corps de l'infanterie de la marine comprenait trois régiments de quarante compagnies chacun. Ces régiments étaient fractionnés en détachements tenant garnison, les uns aux colonies, les autres dans les ports de guerre de la métropole et alternant périodiquement entre eux suivant certaines règles pour assurer la relève. Chaque corps avait ainsi en France sa portion centrale, sorte de grand dépôt où s'effectuaient la plupart des opérations administratives concernant le régiment tout entier.

A un point de vue plus exclusivement militaire, on constate que les troupes de la marine d'alors, surtout l'infanterie de marine qui était de création récente, n'avaient jamais pratiqué la grande guerre, ni même participé à des campagnes aussi difficultueuses et d'aussi grande envergure que celles qui marquèrent la conquête de l'Algérie, laquelle fut, à une certaine époque, l'école de guerre de l'armée française ; mais elles s'étaient néanmoins aguerries, sinon vraiment formées en vue de la guerre moderne dans des opérations de moindre importance, encore que très pénibles parfois, telles que les expéditions entreprises dans le Pacifique, à Madagascar, dans l'Amérique du Sud et au Sénégal, lors de notre renaissance coloniale sous la monarchie de Juillet. En tout cas, elles étaient sûrement braves, possédaient un excellent esprit de discipline et se distinguaient par une entière abnégation.

La rupture des relations diplomatiques avec la Russie, le 27 mars 1854, nous avait pris au dépourvu en ce qui concerne notre préparation militaire à une grande guerre éventuelle. On forma à la hâte un « corps expéditionnaire d'Orient » composé à l'origine de deux divisions d'infanterie et d'un « corps de réserve » qui devint bientôt la troisième division de l' « armée d'Orient ». Le prince Napoléon eut le commandement de cette dernière division avec les généraux de Monet et Thomas à la tête de chacune des brigades.

Dès le 23 février, l'Empereur avait décidé qu'un régiment d'infanterie de marine entrerait dans la formation du « corps de réserve ». Le Ministre de la guerre notifia cette décision à son collègue de la marine dans les termes suivants :

« L'Empereur a décidé qu'un régiment d'infanterie de marine entrerait dans la composition du corps expéditionnaire d'Orient.

» D'après les intentions de Sa Majesté, le régiment

devra être organisé à deux bataillons de huit compagnies chacun et présenter un effectif de 2.200 hommes, y compris l'état-major, la musique et la section hors rang. Il sera encadré avec deux régiments d'infanterie de ligne sous le commandement de S. A. I. le prince Napoléon.

» Je vous prie de donner les ordres nécessaires pour que ce régiment soit le plus tôt possible organisé et réuni à Toulon pour s'embarquer. Les deux régiments de l'armée de terre étant actuellement en Afrique et devant s'embarquer à Alger, ladite réserve ne se constituera qu'après l'arrivée en Orient des éléments divers dont elle se compose.

» Je vous serai très obligé de me faire connaître quelle suite vous aurez donnée à la présente communication. »

Le Ministre de la marine donna immédiatement les ordres d'exécution aux préfets maritimes pour la constitution du nouveau régiment.

« ... Vous donnerez aussitôt, dit le Ministre dans sa circulaire du 25 février, des ordres en ce qui vous concerne pour que l'état-major, le petit état-major, la section hors rang et les seize compagnies expéditionnaires soient formées numériquement et nominalement quant aux officiers d'après les indications du tableau suivant :

ÉTAT-MAJOR

Colonel commandant........	M. Bertin-Duchâteau.
Lieutenant-colonel..........	M. de Cappe.
Chefs de bataillon..........	MM. de Cendrecourt et Mermier.
Adjudants-majors...........	MM. de Savigny et Doménech-Diégo.
Lieutenant officier-payeur et d'habillement............	M. Baylac.
Lieutenant porte-aigle du 3e régiment.............	M. Morhain.
Chirurgien-major...........	M Marroin.
Chirurgien aide-major......	M. Gourbeil.

CADRE DES OFFICIERS DES COMPAGNIES :

Compagnie.	CAPITAINES.	LIEUTENANTS.	SOUS-LIEUTENANTS.
	Provenant du 1er régiment :		
28	Gravilly.	Graëve.	Des Pallières.
34	Escoubet.	Valière.	Angliers.
39	Ladrière.	Delaplane.	Boutté.
31	Lemerle de Beaufond	Gagné.	Brien.
7	Lespert.	Morville.	Huron-Durocher.
	Provenant du 2e régiment :		
26	D'Arbaud.	Sasias.	Defler.
7	Lebreton.	Dabry.	Georgeon.
8	Desmous.	Tréxon.	Rey.
17	Guillot.	Prax.	David.
	Provenant du 3e régiment :		
49	Azan.	Boh.	Naudot.
46	Martin.	Ribert.	Chéron.
47	Poirot de Scellier.	Bozère.	Miche de Mallerage.
11	Boyer.	Eynard.	Azan.
23	Leprince.	Gaillard.	Dufresne.
26	Durand.	Martiny.	Gautret.
28	Faure.	Delaveau-Moriault.	Savigny.

» ... Il est entendu que tous les officiers et soldats du corps expéditionnaire passeront au 3e régiment d'infanterie de la marine et seront rattachés au dépôt du régiment à compter du jour du départ du port dans lequel ils se trouvent.

» ...Vous apporterez le plus grand soin à la composition de chaque compagnie dont le complet sera de 131 hommes choisis parmi les plus vigoureux et de la plus haute taille quant aux soldats de la 2e classe.

» ...Les cinq compagnies prises dans le 1er régiment à Brest et les quatre tirées du 2e régiment à Cherbourg seront immédiatement après leur formation mises en route pour Toulon, point de réunion du corps expéditionnaire où elles devront être rendues le 15 mars au plus tard.

» La désignation des officiers de l'état-major et des

compagnies actives a été mûrement réfléchie. C'est une affaire toute de choix et en dehors des tours ordinaires de service colonial. Je n'accueillerai donc aucune réclamation à cet égard et je vous prie de le signifier à qui de droit.

» Les neuf compagnies seront réunies à Brest sous le commandement de M. le chef de bataillon Mermier et dirigées *sur Toulon par mer.* »

Le colonel Bertin-Duchâteau, qui venait d'être placé à la tête du régiment d'infanterie de marine de l'armée d'Orient par le choix du Ministre, n'était pas à sa première campagne : c'est lui qui avait déjà eu l'honneur de commander le régiment d'infanterie de marine envoyé dans l'Uruguay en 1850.

La nouvelle de la coopération des troupes de la marine à la prochaine campagne fut accueillie dans les ports militaires avec la plus grande faveur, ainsi qu'en témoigne l'ordre du jour suivant, pris à la date du 1er mars 1854 par le commandant du régiment expéditionnaire.

« Officiers, sous-officiers, caporaux et soldats !

» S. M. l'Empereur a voulu que l'infanterie de marine prît part à l'expédition d'Orient et vient de lui donner une preuve éclatante de sa bienveillance en la plaçant sous les ordres de S. A. I. le prince Napoléon.

» 2.200 hommes de notre arme sont appelés à faire partie de la division de réserve composée de quatre régiments d'infanterie, de deux régiments de cavalerie, d'un bataillon de chasseurs de Vincennes et de deux batteries d'artillerie. Les trois régiments d'infanterie de marine ont concouru à la formation du régiment expéditionnaire qui devient leur representant dans l'armée d'Orient.

» Courage, abnégation et dévouement le plus absolu

peuvent seuls nous rendre dignes de la confiance de l'Empereur et de notre arme.

» Je crois devoir mettre à l'ordre du jour la dépêche ministérielle qui organise le régiment expéditionnaire. »

Les divers préparatifs de l'expédition se prolongèrent jusqu'à la fin du mois de mars (1). Le 31, la flotte des transports leva l'ancre et gagna le large, en route pour la mer Noire. L'infanterie de marine allait faire ses premières armes dans les campagnes d'Europe !

---

(1) A la date du 8 mars le Ministre de la marine télégraphiait au préfet maritime de Toulon : « Fournissez immédiatement des carabines à tige à quatre compagnies d'infanterie de marine destinées à aller en Orient.

» Remplacez les fusils du modèle 1822 par ceux du modèle 1842 pour les autres compagnies devant faire partie de l'expédition. »

II

De Toulon à l'Alma (31 mars-20 septembre 1854).

Dès le 3 juillet 1853 les têtes de colonne de l'armée russe de Bessarabie avaient franchi le Pruth et commencé l'invasion des principautés pour faire pression sur Constantinople ; de sorte que l'état de guerre existait virtuellement depuis six mois entre le Tzar et le Sultan au moment où la France et l'Angleterre se solidarisèrent avec la Porte.

Les alliés n'eurent d'abord aucun véritable plan de campagne, et en attendant d'en dresser un ils résolurent de s'installer solidement dans la presqu'île de Gallipoli, (1) à l'entrée de la mer de Marmara.

C'est là que débarqua le régiment d'infanterie de marine le 17 avril 1854 après une longue traversée. Ils s'installa aussitôt au camp de la Grande Rivière avec la 3e division, dont il forma la 1re brigade avec le 2e régiment de zouaves et le 19e bataillon de chasseurs à

(1) « Gallipoli était une ville ouverte sans autre défense qu'un vieux château tout ruiné; les maisons, de bois pour la plupart, étagées sur le flanc d'une colline, étaient séparées à peine par des ruelles tortueuses, infectes, obstruées d'immondices; peu d'industrie et peu de commerce; la population, de 15.000 à 16.000 âmes, turque aux deux tiers, pour le surplus grecque, juive ou arménienne, avait généralement un aspect misérable. Un bon mouillage, une belle plage de débarquement, le voisinage de l'isthme de Boulaïr qu'il était facile d'occuper et de retrancher, tels étaient les motifs qui avaient déterminé l'établissement d'une base d'opérations dans cette ville, d'ailleurs la plus importante de la péninsule... » (C. Rousset, *Histoire de la guerre de Crimée*, t. I, p. 91.)

pied. Peu de temps après, un détachement de 50 hommes fut embarqué sur le *Lavoisier*, qui donnait la chasse aux pirates de l'Archipel.

Le 21 mai, la 3e division rejoignit les deux premières et coopéra avec elles à la construction d'une ligne d'ouvrages qui devait s'étendre de la mer de Marmara au golfe de Samos afin de mettre la presqu'île de Gallipoli à l'abri de toute attaque extérieure.

Sur ces entrefaites on apprit que les Russes avaient franchi le Danube le 23 mars et s'étaient installés en grand nombre dans le quadrilatère irrégulier que limitent à l'ouest et au nord le bas Danube; la mer à l'est, les fossés dits de « Trajan » au sud et qui porte le nom de Dobroudscha (1).

Mais à la fin d'avril une grande concentration de forces fut signalée à Bucarest et bientôt Silistrie fut assiégée.

Dès son arrivée à Gallipoli, le maréchal de Saint-Arnaud se rendit donc à Constantinople, puis à Varna et à Schoumla pour aviser au plus vite afin d'arrêter l'offensive russe. Après plusieurs conférences avec Omer-Pacha il décida de transporter la base d'opérations à Varna.

Le 27 mai, les troupes arrivées à Gallipoli furent passées en revue par le maréchal commandant en chef. « Leur physionomie est excellente, écrivit-il au Ministre de la guerre ; elles ont déjà pris de bonnes habitudes de bivouac et les plus jeunes soldats ont vite emprunté à leurs aînés venant d'Afrique des allures dégagées et jusqu'au bronze de leur visage. »

Pendant que la première brigade de la première division faisait ses préparatifs d'embarquement pour Var-

(1) C'était alors une zone marécageuse et inculte, sans ressources ni routes, au climat extrêmement malsain.

na, les régiments de la 3e division étaient acheminés en trois colonnes et par la voie de terre sur Constantinople en suivant la côte septentrionale de la mer de Marmara (1).

Mis en mouvement le 29 mai, le régiment d'infanterie de marine atteignit la capitale turque le 19 juin suivant. Il fut passé en revue par le Sultan sur le plateau de Malképé et s'embarqua, le 18, pour Varna, la nouvelle base d'opérations, où il arriva deux jours après.

Mais l'attitude menaçante de l'Autriche, la concentration des alliés à Varna et surtout la remarquable résistance de Moussa-Pacha dans Silistrie décidèrent les Russes à se replier sur la rive gauche du Danube et à évacuer les plaines de la Dobroudscha où le typhus et le choléra les avaient décimés. Cette retraite modifiait profondément la situation stratégique. Aussi ne fut-il plus dans les intentions des alliés de poursuivre la campagne en partant de la base de Varna, et le projet de porter la guerre en Crimée prit chaque jour plus de consistance.

Toutefois ces atermoiements répétés pesaient aux troupes. Comme il arrive toujours dans les périodes d'arrêt des campagnes lointaines, elles supportaient difficilement l'inaction momentanée qui leur était imposée. Le maréchal pensa donc trouver un salutaire dérivatif à cette situation en organisant une expédition dans la Dobroudscha, expédition qui devait, croyait-on, avoir pour effet de retenir les Russes sur le bas Danube et de donner le change relativement à nos projets contre la Crimée.

La 3e division, avec le régiment d'infanterie de ma-

(1) La 2e division et la cavalerie disponible furent dirigées vers Andrinople où la 4e division, encore au Pirée, devait les rejoindre.

rine, fut en conséquence dirigée vers Silistrie le 20 juillet. Elle atteignait Bozardjikh quatre jours après au prix des plus grandes souffrances. La région parcourue était en effet non seulement ravagée et sans ressources ; mais elle restait encore le foyer de l'épidémie qui avait déjà décimé l'armée russe. Aussi le choléra s'abattit-il bientôt sur nos malheureuses troupes déjà si éprouvées par les fatigues et les privations. Il fit de tels ravages que le prince Napoléon donna à la 3e division l'ordre de rétrograder sur Varna.

Le régiment d'infanterie de marine y rentra dans les premiers jours d'août et installa son camp sur le plateau d'Yény-Kény. Par suite du retour à de meilleures conditions d'existence le fléau disparut peu à peu ; mais les effectifs avaient tellement fondu pendant cette cruelle période que les bataillons ne comptaient guère plus de 600 hommes valides au moment du départ pour la Crimée (1).

Le 1er septembre, le régiment d'infanterie de marine s'embarquait sur l'*Alger* et la *Ville-de-Marseille* à destination de la Crimée où les alliés portaient décidément leur effort contre la Russie. En cours de route, le colonel Bertin-Duchâteau rendit compte en ces termes de la situation sanitaire de son régiment et des diverses dispositions prises, à l'inspecteur général de l'arme :

---

(1) « ... Jusqu'ici, j'ai 2.000 morts et près de 5.000 malades !... vous savez avec quelles ressources pour les soigner et les guérir, même les abriter ! Depuis quelques jours je passe cinq heures par jour au milieu des malades; je les encourage et je les console, et partout je retrouve la *grande nation*, un moral de fer, un dévouement au-dessus de l'admiration. Les soldats sont devenus des sœurs de charité. Mes lettres officielles vous mettront au courant de la position de nos troupes, de nos pertes et de notre situation. Je m'empresse d'ajouter que le fléau diminue et que l'état sanitaire s'améliore partout, mais lentement... » (*Lettre du maréchal de Saint-Arnaud au maréchal Vaillant, ministre de la guerre*, Varna, 9 août 1854.)

« ... Le 3e de marine a, comme tous les régiments des quatre premières divisions, fourni ses deux bataillons de 610 baïonnettes chacun, non compris les 40 officiers

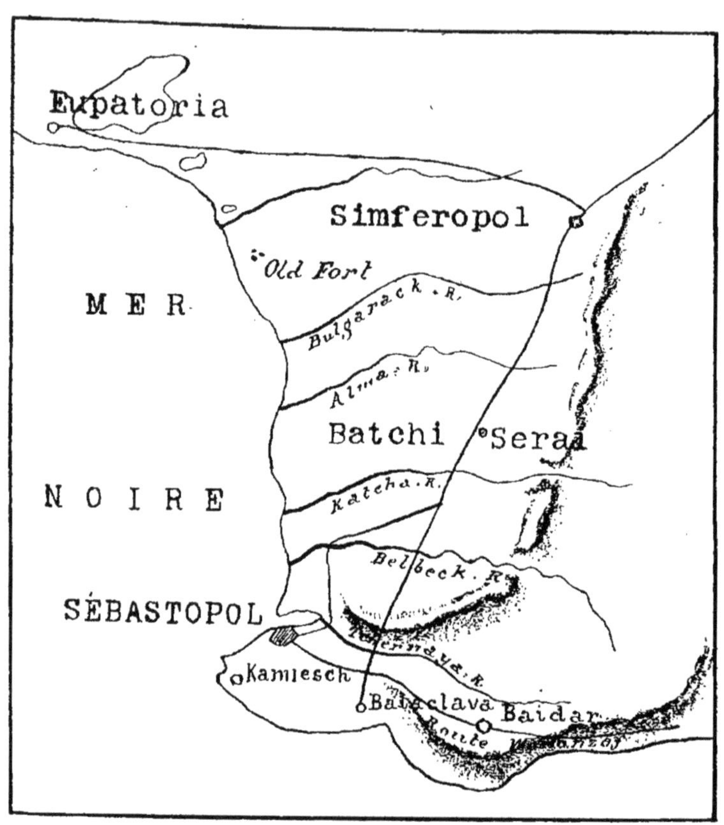

qui les commandent ; j'ai laissé, ainsi que tous les autres corps, le reste des hommes et des officiers (1) sous le

(1) Lors du premier départ de Varna, le manque de matériel naval nous obligea, pour embarquer les quatre premières divisions, à réduire l'effectif des bataillons à 600 hommes. On put ainsi faire un choix parmi les militaires les plus valides, et éliminer des rangs les hommes affaiblis ou malades qui furent laissés à Varna.

commandement supérieur (pour la 3e division) du lieutenant-colonel de Cappe au camp d'Yény-Kény, à trois kilomètres de Varna.

« Dans l'épidémie cholérique, ou plutôt de typhus oriental qui vient de sévir si cruellement sur l'armée, j'ai été un des moins maltraités ; le 3e de marine ne compte jusqu'à présent que 40 morts environ du choléra ! j'ai 166 hommes à l'hôpital et environ 100 malades ; je suis donc des plus favorisés !... »

Le 14 septembre, les flottes alliées mouillaient à Old-Fort, entre Eupatoria et l'embouchure de l'Alma. A midi, le régiment de la marine, débarqué en entier, campait sur la plage. Deux compagnies furent désignées pour s'emparer d'Eupatoria et garder cette ville, sous les ordres du chef d'escadron d'état-major Osmont. Elles y entrèrent, du reste, sans coup férir.

La marche sur Sébastopol étant décidée, la 3e division s'ébranlait le 19 septembre avec toute l'armée. Les alliés campèrent le soir sur la rive droite du Boulganak, en face des positions russes.

Le lendemain eut lieu la bataille de l'Alma, ainsi décrite par le colonel Bertin-Duchâteau dans son rapport relatif à cette journée mémorable :

« Le 20 septembre 1854, les armées alliées de France, d'Angleterre et de Turquie formant ensemble un effectif d'à peu près 50.000 hommes, avec 80 pièces de canon du calibre de 8 et de 12 se trouvaient en présence et à deux lieues environ de l'armée russe composée de 42.000 hommes, de 5.000 à 6.000 cavaliers et d'une nombreuse artillerie. Les Russes occupaient un village adossé à la rivière de l'Alma et se montraient sur la rive ainsi que sur toutes les hauteurs qui se trouvent de l'autre côté et qui dominent la plaine sur une immense étendue. En avant de la rivière se trouvaient des fourrés fort épais et garnis de nombreux tirailleurs ; sur l'autre rive et jusqu'au pied des montagnes, des vignes très élevées et touffues couvraient tout le terrain. Un long mur en pierres sèches séparait ces vignes d'un chemin qui longeait le pied des montagnes ; une nuée de tirailleurs garnissait encore tout cet espace. Les crêtes des hauteurs étaient couronnées par de nombreux bataillons et d'autres se trouvaient échelonnés sur des plateaux à mi-côte. Des ravins nombreux et rapides séparaient ces hauteurs occupées par toute leur artillerie disposée avec une grande habileté ; les mamelons à mi-côte eux-mêmes étaient garnis de batteries qui croisaient leurs feux dans tous les sens ; quel-

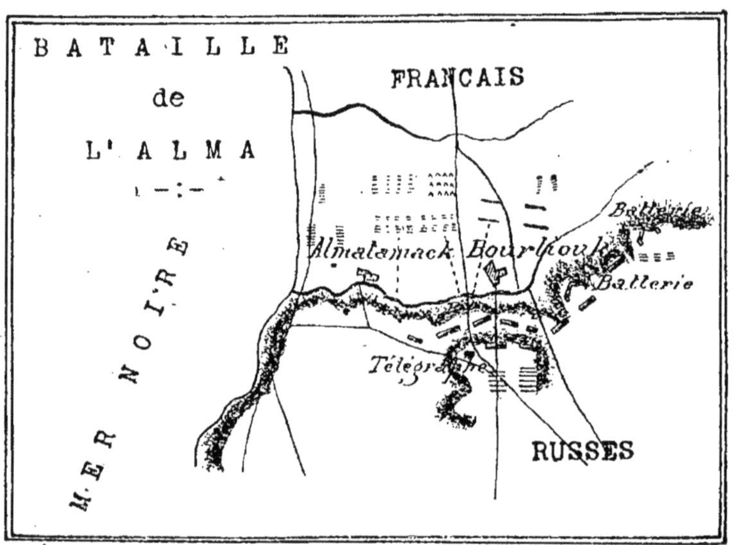

ques-unes même donnaient de plein fouet sur tous les passages les moins difficiles de la rivière de l'Alma qui, bien que peu large, est assez profonde. En un mot, la position des Russes était tellement formidable que le prince Menschikof écrivait le matin même de la ba-

BIBLIOTHÈQUE NATIONALE RF IMPRIMÉS

taille à l'empereur Nicolas (lettre interceptée) qu'il arrêterait les alliés au moins pendant quinze jours...

» L'armée française était ainsi disposée : la 1re division (Canrobert) occupait la droite de la ligne ; la 1re brigade de la 3e division était à la gauche de cette division ; puis une partie de l'armée anglaise formait l'aile gauche. Le reste de l'armée était disposé en arrière.

» Vers midi et demi, l'armée alliée se portait en avant.

«... Pendant que nos tirailleurs disputaient pied à pied le terrain et chassaient devant eux les tirailleurs russes, mes deux bataillons arrivés près des fourrés s'y jetèrent résolument et en eurent bientôt débusqué l'ennemi, mais non sans une perte considérable (4 officiers et 45 hommes tués ou blessés). Les tirailleurs russes s'étaient repliés sur la rive gauche de la rivière dans les vignes dont il a été question plus haut et sur un terrain rempli de trous assez profonds qui rendit plus tard notre marche difficile et dangereuse. Là encore, cachés et tirant à coup sûr, ils nous tuèrent quelques hommes pendant le passage de la rivière. Franchir ce nouvel obstacle et en chasser l'ennemi fut l'affaire d'un quart d'heure pour les deux bataillons qui se retrouvèrent en ligne derrière le mur en pierres sèches très peu élevé.

» Mais alors une batterie russe, masquée jusque-là et voyant ses tirailleurs délogés, nous couvrit tout à coup d'obus et de mitraille et nous fit éprouver des pertes notables. En un instant le mur fut franchi et les deux bataillons, précédés de leurs tirailleurs, commencèrent vigoureusement l'attaque des hauteurs. L'artillerie russe croisant ses feux multipliés sur nous, je fus obligé de profiter d'un pli de terrain pour former en colonne les deux bataillons qui se remirent en marche au pas de charge en profitant des accidents du terrain mais souvent sous une pluie de mitraille d'obus et de balles. Gravissant deux côteaux différents et avec un élan impossible à décrire, ils rejoignirent bientôt leurs tirailleurs sur la crête des montagnes en passant sous le feu de quatre batteries russes qui balayaient tout le terrain.

» Rien n'avait pu arrêter l'intrépidité de ces braves soldats et les hauteurs étaient couronnées ; l'artillerie russe, effrayée de tant d'audace, était en fuite et un nombre considérable de tirailleurs ennemis, étendus morts, marquaient le passage des deux bataillons.

» De leur côté, la 1re division et le 2e régiment de zouaves de la 3e avaient enlevé leurs plateaux avec une célérité, une bravoure et un élan admiré de tous. La *bataille de l'Alma* était gagnée par les Français sur toute la droite...

» Le 3e régiment, avec 12 compagnies, c'est-à-dire 900 hommes, venait de remplir la même tâche que les autres corps avec 16 compagnies ou 1.200 hommes au moins. Aussi, le soir manquait-il à l'appel 151 hommes ; 19 avaient été tués et 132 blessés ; plusieurs de ces derniers sont déjà morts de leurs blessures. La jeune infanterie de marine vient de recevoir le baptême des grandes batailles... Elle a suivi les nobles exemples de son aînée. Le 3e régiment a répondu à l'attente du Ministre de la marine et à l'espoir de son arme.

» Le lieutenant Boh est mort glorieusement sur le champ de bataille, frappé de deux balles. Le capitaine Poirot de Scellier, atteint mortellement à la poitrine, a succombé le lendemain de la bataille. Le capitaine adjudant-major Domenech-Diégo, le capitaine Guillot, le sous-lieutenant Martin des Pallières sont grièvement blessés. Parmi les braves du régiment que la mitraille a épargnés, je dois une mention particulière aux chefs de bataillon Reybaud et Mermier, qui ont conduit leur troupe au feu avec le calme et la froide bravoure des plus vieux soldats... »

Suivent un grand nombre de citations individuelles très élogieuses en faveur des officiers et des hommes de troupe qui avaient fait plus que leur devoir dans cette rude journée. Nous ne reproduirons que la dernière, à l'adresse de la cantinière du régiment, ne serait-ce que pour évoquer un des souvenirs les plus pittoresques et les plus vivaces de l'ancienne armée.

«... La femme Litzler m'a été signalée par les deux chirurgiens comme ayant secouru les blessés avec un bien louable dévouement pendant toute l'action et sous le feu de l'ennemi... »

La belle tenue de l'infanterie de marine au feu et son élan n'échappèrent pas au commandement à tous les degrés de la hiérarchie qui se plut à reconnaître officiellement ses solides qualités militaires. C'est ainsi, que le lendemain de la bataille de l'Alma, le général de Monet, commandant la brigade, écrivit au colonel du 3e régiment la lettre suivante, si franchement élogieuse :

« Mon cher colonel,

» Toute l'armée a pu apprécier le sang-froid et l'intrépidité dont vous avez donné des preuves dans la glorieuse journée du 20, en conduisant au feu des batteries russes vos deux beaux bataillons d'infanterie de marine. De son côté, votre troupe a conquis l'approbation des juges les plus difficiles en fait de courage. Cette opinion a été justement et hautement exprimée par le prince Napoléon et par le maréchal commandant en chef ; je suis heureux d'avoir à vous transmettre ces éloges mérités.

» J'y joindrai les passages de mon rapport sur les opérations de la brigade pendant la journée du 20 en ce qui concerne l'infanterie de marine, en vous engageant à mettre sous les yeux de vos chefs directs ces témoignages de mon estime particulière et de l'opinion générale de l'armée (1). Enfin, sur 12 compagnies que vous aviez ce jour-là sous vos ordres, vos pertes se sont élevées à 151 tués ou blessés ; ces chiffres disent et résument tout... »

L'Empereur ratifia pleinement le jugement si favorable porté sur l'infanterie de marine par tous ses chefs à l'armée d'Orient en décidant, à la date du 4 novembre 1854, que le nom d'*Alma* serait inscrit sur le drapeau du régiment de Crimée, corps qui allait bientôt devenir le 4e de l'arme. Enfin, de nombreuses récompenses furent accordées aux militaires de tous grades qui s'étaient plus particulièrement signalés à la bataille du 20 septembre.

La campagne de Crimée venait de s'ouvrir par un triomphe éclatant ; nous verrons plus loin ce qu'il faudra encore dépenser de courage, d'abnégation et de constance pour la terminer glorieusement.

---

(1) 1er passage : « ... L'infanterie de marine traverse par le flanc le village en flammes, point de mire des batteries ennemies et se forme à sa sortie sous un feu meurtrier... »

2e passage : « ... Les renforts que j'avais demandés commencent à se montrer; sur notre gauche et un peu en avant, c'est d'abord l'infanterie de marine, par bataillons serrés, en masse, gravissant la hauteur sous une pluie de feu, avec un ensemble et un élan remarquables.., »

» Les troupes ont été admirables d'élan et d'intrépidité... »

3e passage : « ... Les troupes ont été admirables d'élan et d'intrépidité. L'infanterie de marine, composée de jeunes troupes, par son aplomb et son intrépide bravoure s'est montrée digne de ses émules (les zouaves)... »

III

Devant Sébastopol.

(21 septembre - 31 décembre 1854.)

Les alliés ne se remirent en marche sur Sébastopol que le 23 septembre ; ils comptaient attaquer la grande forteresse par le nord en liant leur attaque avec l'action des escadres qui entreraient dans le port. Mais en arrivant sur la Katcha, le soir de ce même jour, ils durent modifier leur plan car ils apprirent là que les Russes venaient de le rendre irréalisable en coulant à l'entrée de la rade de Sébastopol une ligne de navires interdisant désormais l'accès de celle-ci. Ils résolurent alors d'aller prendre position au sud de la ville, sur le plateau de Chersonèse, en même temps que la partie de l'armée russe battue à l'Alma et qui ne devait pas rester dans Sébastopol marchait à la hâte vers le nord pour n'être pas coupée du continent. Ainsi eut lieu cette double marche de flanc au cours de laquelle les deux armées se croisèrent à l'insu l'une de l'autre jusqu'au moment où, dans la journée du 25 septembre, l'avant-garde des alliés se heurta, près de Mackenzie, à l'extrême arrière-garde russe.

Enfin, le 27, ce dangereux mouvement autour de la place se termina sans nouvel incident par l'arrivée des Anglais à Balaklava. Par un ordre daté du 1er octobre, les 3e et 4e divisions constituèrent le corps de « siège » pendant que les 1re et 2e formèrent le corps d' « observation ».

Le 4 octobre, le régiment d'infanterie de marine prit donc position sur le plateau de Chersonèse qui allait être le théâtre de tant de luttes sanglantes, de tant de privations et de souffrances et aussi de tant d'héroïsme. Il tenait la droite de la 3e division, ayant les Anglais à sa droite et le 2e zouaves à sa gauche. Dans cette position il faisait face au bastion du « Mât » et bordait le Grand-Ravin.

Sur ces entrefaites, le lieutenant-colonel de Cappe, laissé à Varna avec les malades et le surplus des hommes n'ayant pu être embarqués au moment du départ pour la Crimée, rejoignit le régiment avec 309 hommes et 13 officiers.

Les préparatifs du grand siège commencèrent aussitôt et préludèrent par le débarquement d'un immense matériel, opération à laquelle tous les corps concoururent. La tranchée fut ouverte dans la nuit du 9 au 10 octobre et les travaux, que le commandement fit rapidement pousser afin de brusquer l'assaut, étaient terminés le 16. Le lendemain, dès l'aube, toutes nos batteries ouvrirent le feu sur Sébastopol ; mais, après une canonnade de plusieurs heures, l'artillerie de la place réduisit une partie de la nôtre au silence : il fallut se résigner à un siège régulier.

Pendant la tentative infructueuse du 17 octobre quelques hommes du régiment de la marine se signalèrent par leur empressement à secourir les blessés tombés en dehors des tranchées et furent cités à l'ordre.

La 1re parallèle fut ouverte le 18 et avec cet ouvrage commença cette interminable série de travaux aussi pénibles que meurtriers dans l'exécution desquels nos soldats donnèrent un éclatant démenti à la réputation d'inconstance et de légèreté de la race française. Ils surent allier sur cette terre lointaine l'élan à l'opiniâtreté, la fougue à la patience, et jamais peut-être armée ne réunit davantage de belles qualités militaires. La pioche d'une main, le fusil de l'autre, nos soldats travaillaient et se battaient sans cesse pour la conquête de quelques pouces de terre !

Le colonel Bertin-Duchâteau rendit ainsi compte au général de division, inspecteur général des troupes d'infanterie de marine, à la date du 19 octobre 1854, de la participation de son régiment aux premiers travaux du siège :

« Mon Général, ainsi que je vous l'ai annoncé dans ma dépêche du 28 septembre datée de Balaklava et à laquelle se trouvaient joints la copie d'un état de proposition et mon rapport sur la bataille de l'Alma, les armées alliées se trouvaient réunies sur ce point le 28 au soir. Le 29 deux divisions de l'armée anglaise et toute leur artillerie de siège débarquée de la veille, les 3e et 4e divisions de l'armée française se portèrent en avant et prirent position à environ 3.500 mètres de la ville de Sébastopol. La Chersonèse (1) venait d'être occupée par la flotte française et tout notre matériel de siège, artillerie, projectiles, gabions, fascines, etc., commencèrent dès le même jour à y être débarqués. Les 1re et 2e divisions de l'armée française et le reste des troupes anglaises se portèrent en avant de Balaklava, prirent de fortes positions afin de protéger les troupes de siège

(1) « ... Sur un sol maigre, rocailleux, sans profondeur, exposé aux variations brusques d'un climat excessif, tour à tour brûlé par un soleil ardent, noyé par des pluies torrentielles, balayé par des rafales, la végétation ne pouvait qu'être précaire et en quelque sorte chétive. Des arbustes malingres, courbés, tordus par le vent de mer, des halliers épineux, des broussailles hérissaient la partie supérieure du plateau ; çà et là, en des endroits mieux abrités, quelques bouquets de chênes; tout au sud près du monastère de Saint-Georges, placé en vedette au sommet de la falaise, un vrai bois, mais de peu d'étendue ; partout ailleurs c'était la steppe aride. (C. Rousset, *Histoire de la Guerre de Crimée*, t. Ier, p. 274.)

contre les attaques de l'armée russe, qui, maîtresse de la campagne, attendait des renforts.

» Depuis le 30 septembre jusqu'au 8 octobre, les 3e et 4e divisions furent employées au débarquement et au transport de tout le matériel dans les parcs et dépôts. Cette opération, comme vous le voyez, fut longue et pénible en raison de la distance qui sépare la baie Chersonèse des positions occupées par les troupes alliées. Dès le 29 au soir plusieurs bataillons des 3e et 4e divisions, lancés en avant et masqués par des plis de terrain étaient destinés à s'opposer aux sorties de l'ennemi, mais aucuns travaux de tranchées n'étaient commencés jusqu'au 9 ; au dire de tout le monde, le génie et l'artillerie ne s'entendaient pas sur les positions où l'on devait établir les tranchées et les batteries. Pendant ce temps-là, nuit et jour la ville couvrait de ses feux les positions occupées par nos bataillons d'observation, sans cependant nous faire éprouver de grandes pertes, les projectiles dépassant de beaucoup les points occupés par nous et allant éclater dans les ravins qui se trouvaient derrière.

» Enfin, le 9, les travaux de tranchée commencèrent, les travailleurs ne manquaient pas, bien loin de là, puisqu'il en arrivait dans les tranchées beaucoup plus qu'on ne pouvait en employer ; mais la distribution de ces ouvriers se faisait mal et il n'en résultait qu'une fatigue énorme pour les deux divisions qui depuis cette époque passent du travail de tranchée à la garde des ouvrages ainsi que vous allez le voir par la répartition du service.

» Neuf bataillons étaient commandés chaque jour de garde de tranchées pour vingt-quatre heures et les neuf autres, formant le total des deux divisions, étaient employés au transport du matériel ou aux travaux de tranchée, cela jour et nuit. Ainsi, pour ne parler que du régiment, il est arrivé six fois sur sept qu'un de mes bataillons, revenant à 7 heures du matin, de passer la nuit aux travaux de tranchée était obligé de mettre sac au dos à 9 heures pour aller pendant vingt-quatre heures protéger les travaux, et cela, sous une pluie incessante d'obus, de bombes et de boulets. Les troupes sont sur les dents. Heureusement, depuis quelques jours, les troupes de siège viennent d'être renforcées de deux régiments appartenant à la 5ᵉ division. On avait même été forcé il y a quelques jours de nous renforcer par la 1ʳᵉ division ; mais l'armée russe ayant reçu des renforts sur nos derrières et s'étant rapprochées de nous, on a été obligé de la renvoyer rallier la 2ᵉ. Les travaux de tranchée ont marché avec une lenteur désespérante, puisque le 17 seulement, jour de l'ouverture du feu contre la place, les travaux entrepris le 9 comprenaient à peine 1.100 mètres de développement. Le 16, à 8 heures du soir, les généraux des armées alliées s'étaient enfin entendus pour commencer le feu le lendemain à 6 heures et demie ; les deux flottes avaient voulu contribuer au siège et avaient fait débarquer quelques pièces d'artillerie, la flotte française 32 pièces, je crois, et la flotte anglaise à peu près autant. En un mot, l'armée française avait en batterie 73 pièces de siège et l'armée anglaise 57, total 130.

» La flotte devait envoyer le 17, à 5 heures du matin, 26 vaisseaux s'embosser devant l'entrée de Sébastopol pour canonner les forts d'entrée ; mais, et j'ignore pourquoi, au lieu de 26 vaisseaux, 7 seulement prirent leur poste et encore dans l'après-midi, alors que le feu des batteries françaises avait complètement cessé par suite de l'explosion de deux de nos poudrières placées près des tranchées et dont l'effet avait été terrible pour nous puisque dix pièces étaient démontées, la tranchée presque détruite et une centaine d'artilleurs avaient été tués ou blessés. On avait donc été forcé de faire cesser le feu pour réparer tous ces dégâts. Les batteries anglaises, beaucoup mieux placées, n'ont pas cessé leur feu un seul instant ; mais comme leur direction ne donne pas sur les batteries russes, mais bien sur le port qu'elles enfilent, elles n'ont pu éteindre le feu des Russes qui est incessant jour et nuit et ne diminue pas d'intensité.

» Toute la nuit du 17 au 18 et la journée du lendemain ainsi que la nuit du 18 au 19 ont été employées par nous à réparer les dégâts de la matinée du 17 et à construire de nouvelles batteries sur la droite. Enfin, ce matin 19, le feu a recommencé sur toute la ligne et continue encore au moment où je vous écris (9 heures et demie du matin). Une fumée et un brouillard fort épais couvrent la ville, les tranchées et les camps. Il en résulte qu'on ne voit rien de ce qui se passe et qu'aucun résultat n'est encore connu : c'est un tonnerre perpétuel et un bruit assourdissant.

» Les Russes emploient au moins 300 pièces de canon et la différence de calibre des projectiles que nous recevons, et qui changent par série, nous fait supposer qu'ils sont souvent obligés de renouveler leurs pièces.

» Je vous ferai connaître le résultat de la journée plus tard.

» L'armée russe, renforcée par de nouvelles troupes, s'élève à environ 40.000 hommes et se trouve à une très petite distance derrière nous. Le prince Constantin, avec 15.000 hommes, s'est, dit-on, jeté dans la place par le côté droit de la ville, au nord, qui n'est pas investi et est complètement libre, attendu que les troupes alliées n'occupent que la rive gauche. Le fort Constantin et toute la partie nord de la ville restent donc à la disposition des Russes.

» Depuis l'ouverture de la tranchée, le 9 octobre, le 3ᵉ de marine ne compte encore jusqu'à ce jour que

5 hommes tués et 16 blessés : c'est un bonheur providentiel en présence des dangers incessants qui planent sur nos têtes.

» Le régiment qui, en ce moment-ci, n'est composé que de 900 soldats, et, depuis le 14 septembre, de 1.200 hommes, n'en a pas moins été obligé de fournir le même nombre de travailleurs et d'hommes de service que tous les autres régiments qui ont 16 compagnies et toujours de 15 à 1.600 hommes au moins (vous n'oublierez pas, mon Général, que j'ai toujours deux compagnies détachées à Eupatoria) et, malgré mes réclamations réitérées autant que pressantes, je n'ai pu obtenir aucun changement à cet état de choses...

» Malgré tout, mon Général, vous n'entendrez jamais que des éloges sur le compte de votre 3e régiment d'infanterie de marine et une de mes plus grandes joies en terminant cette carrière de 35 ans sera d'avoir vu l'infanterie de marine ajouter un fleuron de plus à l'auréole qui l'entoure déjà.

» J'apprends que le fort de la Quarantaine a beaucoup souffert du feu de la flotte dans la journée du 17. Trois officiers de la marine, dont deux officiers d'ordonnance de l'amiral Hamelin, ont été tués. Un élève et une soixantaine de matelots ont été blessés ou tués. Dans la batterie de la marine établie à terre, un élève a été tué ; un autre, M. Michel a eu la jambe emportée et quelques matelots ont été blessés. »

« Midi, 19 octobre.

» J'apprends à l'instant que dans le 2e bataillon de garde à la tranchée, 7 hommes ont été blessés, 4 très grièvement, 3 assez grièvement. Le feu a un peu diminué d'intensité, mais continue cependant. Il a duré pendant cinq heures sans interruption. Chacun semble avoir besoin de repos. Pas de résultats sérieux.

» J'ai reçu le décret d'organisation nouvelle (1) pour notre arme ainsi que les brevets qui s'y trouvent joints. Je renvoie à M. le Ministre de la marine ceux de MM. Boh et Derouet, tués sur le champ de bataille de l'Alma.

» J'appelle votre attention sur les vacances qui en résultent, ainsi que des autres nominations. MM. Gagné, Naudot, Boh, Poirot de Scellier ne sont pas remplacés. D'un autre côté, MM. Domenech, Guillot et des Pallières, blessés, sont à Constantinople. MM. Morville, lieutenant, et Georgeon, sous-lieutenant, ont été retenus à Varna. De tout cela il résulte qu'il me manque beaucoup d'officiers, et cela au moment où j'en ai le plus pressant besoin. Ceux qui restent sont harassés de fatigue. Heureusement que le régiment sera appelé en France ; du moins la nouvelle organisation me le fait supposer aussitôt le siège de Sébastopol terminé, les 16 compagnies formant la masse de la portion destinée à Toulon. Sur la demande de MM. de Cappe, Boyer et Gagné j'avais écrit au général pour demander que, conformément au décret d'organisation, ces Messieurs rejoignissent leurs nouveaux postes par la première occasion qui se présenterait ; je vous envoie copie de la réponse qui m'a été faite par l'état-major général de

---

(1) Le décret organique du 31 août 1854 réorganisait sur des bases nouvelles l'infanterie de marine. Il marque une des étapes les plus importantes dans la formation des troupes coloniales de la France. Un 4e régiment (celui détaché en Crimée) fut créé ; les chefs des 1er et 2e régiments qui se trouvaient respectivement à la Guadeloupe et à la Martinique furent placés à Cherbourg et à Brest. Le 3e régiment fut transféré de Toulon à Rochefort, laissant à Toulon la place libre au 4e régiment. Le 1er régiment assura la relève de la Martinique ; le 2e, celle de la Guadeloupe et de l'Océanie ; le 3e, celle de la Guyane, et le 4e celle du Sénégal et de la Réunion. La répartition faite dans la métropole subsiste encore aujourd'hui malgré quelques changements dus à l'accroissement des troupes coloniales.

l'armée : ces Messieurs ne partiront que sur un ordre du général en chef. »

« 21 octobre.

» Nous continuons l'attaque de la ville, mais nous n'avançons guère ; l'artillerie, formidable, on dit aujourd'hui de 400 pièces de gros calibre, et on est en droit de le supposer puisque toute celle de la flotte russe est disponible, l'artillerie de la ville ne cesse de couvrir nos travaux d'une pluie de fer, presque tous obus ou bombes, quelques boulets rouges et peu de pleins. Nos pertes en tués et blessés s'élèvent, depuis le commencement du siège, pour le 3e de marine et jusqu'à ce jour à 5 tués et 23 blessés ; total : 28.

» Je vous envoie également ci-joint une situation du régiment qui vous prouvera la pénurie d'hommes et d'officiers dans laquelle je me trouve et l'impérieuse nécessité de m'envoyer des renforts de France, si le régiment ne doit pas être rappelé prochainement.»

Cette situation numérique du régiment se résumait dans les données générales suivantes :

Présents sous les armes devant Sébastopol.....	1.080	hommes.
Détachés à Eupatoria.......................	144	—
Employés divers, infirmiers auxiliaires, détachés à l'artillerie ou aux services administratifs devant Sébastopol.....................	130	—
Présents sous les armes à Varna..............	151	—
Infirmiers auxiliaires, employés divers à Varna.	31	—
Détachés à Constantinople....................	79	—
Aux hôpitaux en Turquie (1)..................	319	—

Cependant, il convient d'observer qu'à cette époque

(1) Beaucoup de sous-officiers, caporaux et soldats figurant dans ce total étaient décédés au moment où fut établie la situation ci-dessus ; mais on ne put en tenir compte, le chef de corps n'ayant pas à cette date reçu communication des billets de décès.

du siège les effectifs n'avaient pas en général sensiblement fléchi du côté des Français depuis le débarquement en Crimée tandis que dans l'armée anglaise les pertes atteignaient des proportions énormes, pendant que les Russes étaient constamment renforcés par des détachements prélevés sur l'armée de Bessarabie. Aussi le prince Menschikof tenta-t-il de couper les Anglais de leur base d'opérations en attaquant Balaklava le 25 octobre, et, un peu plus tard, de les chasser de leur camp, pour les jeter à la mer en cherchant à prendre pied sur le plateau d'Inkermann, le 5 novembre, cependant qu'une importante diversion serait faite contre les positions françaises par la garnison de Sébastopol.

Le régiment d'infanterie de marine ne prit aucune part à la première de ces batailles, mais contribua, dans une certaine mesure, à la victoire d'Inkermann. Les deux comptes rendus ci-après, faits au général inspecteur de l'arme les 8 et 20 novembre, décrivent ainsi ces événements :

« Mon Général, c'est le cœur navré que je vous écris pour vous annoncer que les médecins viennent de prescrire ma rentrée en France pour y rétablir ma santé. Dans ma dernière lettre, je vous disais que j'étais fortement éprouvé par mes anciennes douleurs ravivées et augmentées par les sept mois de misère que je viens d'éprouver, et surtout par les nuits passées dans la tranchée sans aucun abri. J'avais néanmoins à cœur de ne pas faire faire mon service par mes collègues, et le 5 de ce mois, quoique bien souffrant, je me fis hisser sur mon cheval pour aller de garde à la tranchée avec mon général de brigade. L'ennemi avait attaqué l'armée anglaise sur sa droite et menaçait la nôtre au centre. Le général en chef envoya aussitôt demander des renforts à l'armée de siège avec ordre de ne relever que plus tard les gardes de tranchée. Nous revînmes donc au

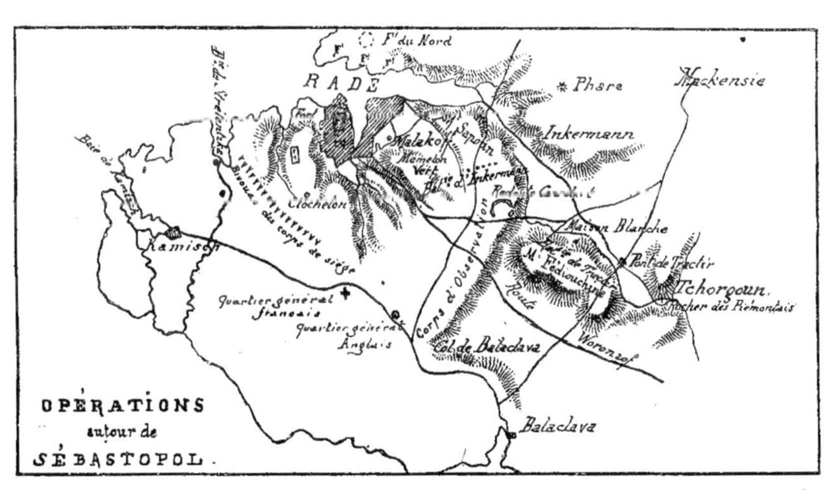

OPÉRATIONS autour de SÉBASTOPOL.

camp pour nous porter au secours de nos deux premières divisions ; mais l'ennemi avait déjà abandonné l'attaque contre les Français et concentrait toutes ses forces contre les Anglais. Dès lors, nous devenions inutiles ; mais la place, combinant ses mouvements avec son armée d'observation, fit une vigoureuse sortie vers les 9 heures du matin. On vint alors demander le bataillon qui me restait (1), un du 22e léger et trois compagnies du 29e léger. Le prince (Napoléon) se mit à notre tête et nous conduisit au secours des tranchées. Heureusement l'ennemi, repoussé avec une grande perte, rentrait déjà dans la place quand nous parûmes. Les gardes ordinaires des tranchées et deux bataillons de la 4e division avaient suffi pour obtenir ce résultat. Néanmoins le prince Napoléon, voulant prouver aux assiégés qu'il y avait des troupes d'appui, nous fit mettre en bataille sur les crêtes qui dominent la ville. On nous aperçut, en effet, et une grêle d'obus, qui passèrent sur nos têtes, nous prouvèrent qu'on nous avait aperçus. Le prince, alors, ordonna de faire rentrer les bataillons. C'est en revenant qu'accablé par la douleur j'éprouvai une si vive syncope que sans un capitaine d'artillerie et un sergent je serais tombé de cheval. On m'en descendit et on me porta dans une tente. Depuis ce moment, je souffre le martyre au genou et dans la hanche. M. Perrier, chirurgien en chef de la division, appelé par notre chirurgien-major, a constaté qu'il y avait un amaigrissement tel du membre droit qu'il était impossible d'espérer de me guérir dans ce pays ; qu'il me fallait des bains de vapeur, des eaux thermales et un repos complet. Il a été trouver Son Altesse Im-

(1) Les bataillons disponibles de la brigade de Monet, dont un bataillon de l'infanterie de marine, avaient été envoyés en toute hâte vers Inkermann où ils furent placés en réserve.

périale qui a demandé aussitôt au général en chef un congé de convalescence pour moi.

» Il faut donc que j'abandonne mon régiment après l'avoir honorablement conduit pendant toute cette longue et laborieuse campagne. »

Le lieutenant-colonel de Cappe remplaça le colonel Bertin-Duchâteau à la tête du 4e de marine et continua la relation des événements, auxquels était mêlé le corps, au général inspecteur. Il s'exprime ainsi à la date du 20 novembre :

« C'est le 8 courant (novembre) que le colonel nous a quitté ; sa douleur était vive de se séparer du régiment, qu'il avait commandé dans des circonstances décisives ; mais il trouvera en France l'éclatant témoignage de satisfaction contenu dans la dépêche ministérielle du 20 octobre. C'est vous que nous aimons à en remercier, mon Général, et c'est à nous à remplir les obligations qu'elle nous impose.

» La journée du 5, qui prendra le nom de combat d'Inkermann, a été très sérieuse et plus meurtrière, au dire de ceux qui ont eu le bonheur d'assister à ces deux affaires, que la victoire de l'Alma. L'ennemi avait attaqué avec vigueur les deux extrémités des positions étendues que nous occupons. Il eut d'abord quelques succès à la droite ; mais il finit par y être écrasé ; à la gauche, il fut repoussé, mais avec des pertes beaucoup moindres.

» Le régiment n'a été que peu engagé dans ces circonstances ; le 1er bataillon était de tranchée vers le centre qui ne fut pas attaqué ; trois compagnies et demie, dont deux de carabiniers, firent partie de la brigade de Monet envoyée en toute hâte vers Inkermann et qui servit de réserve. Les autres compagnies, sous le commandement du colonel, prirent part à quelques mouvements ordonnés par le prince... En somme, nous n'avons eu que 4 blessés...

» Les deux compagnies détachées à Eupatoria ont eu plusieurs fois à repousser des attaques dont quelques-unes paraissent avoir été sérieuses. Le 3, le troupeau de la garnison fut pris par les cosaques et repris par nos hommes. La conduite du fusilier Rindel, de la 54e, fut remarquée dans cette circonstance ; le 11, l'ennemi mit en ligne une cavalerie nombreuse et quelque artillerie ; on les contint. Le même Rindel a été blessé ce jour-là d'un coup de feu à la cheville ; permettez-moi, mon général, de vous recommander ce brave homme qui me paraît avoir bien mérité la médaille et qui a toujours donné le meilleur exemple à sa compagnie. Enfin, le 13, pendant la tempête qui a jeté à la côte d'Eupatoria le *Henri-IV*, le *Pluton*, un vaisseau de guerre turc et 15 bâtiments marchands, et pendant que nos hommes s'employaient au sauvetage de ces bâtiments et de leurs équipages, l'ennemi fit une démonstration plus forte qui, cependant, dégénéra bientôt en une canonnade insignifiante dont nous n'éprouvâmes aucune perte.

» Dans les premiers jours du mois le général commandant le génie eut occasion de remarquer la manière dont se comportait dans la tranchée la plus rapprochée de la place la 49e compagnie commandée par le capitaine Azan ; il la félicita hautement et dit qu'il la ferait mettre à l'ordre ; toutefois, cette mention n'a pas eu lieu.

» Vous le voyez, mon Général, le 4e de marine continue à faire son devoir ; mais ce qu'il m'est pénible de vous dire, c'est l'affaiblissement auquel ce corps est arrivé. Le mauvais temps de la saison, le choléra qui n'a pas cessé, la dysenterie qui prend chaque jour plus de développement, nous ont réduits à un chiffre de combattants souvent bien au-dessous des exigences du service qu'on nous demande, quoique depuis le 8 nous ayons quitté l'armée de siège pour renforcer avec le 2e zouaves l'extrême droite anglaise. Un de nos bataillons, relevé par l'autre tous les quatre jours, occupe la redoute dite « Canrobert » ; l'autre concourt aux travaux faits journellement pour mieux couvrir cette position qui fut, le 5, le point d'attaque de l'ennemi. Cette mission est certainement de confiance ; mais nos bataillons ne peuvent mettre sous les armes que 300 hommes environ et chaque jour il nous entre à l'hôpital de 10 à 15 malades. Les officiers n'ont pas été épargnés : MM. Japhet et Boyer viennent d'être évacués sur France ; mais l'arrivée de 5 officiers venus des autres régiments de l'arme et la mesure prise par le général en chef de ne pas donner suite jusqu'à nouvel ordre aux mutations survenues me permettent d'avoir encore un nombre suffisant de ces messieurs... »

En même temps que le commandement du 4e de marine changeait de mains, quelques mutations se produisirent dans le haut personnel de la 3e division. Le 7 novembre le prince Napoléon partait pour Constantinople d'où il devait rentrer en France peu après ; le général de Monet le remplaça à la tête de la 3e division dont il prit provisoirement le commandement. Enfin, le colonel Cler, des zouaves, fut investi du commandement intérimaire de la brigade mixte composée de l'infanterie de marine et du 2e zouaves.

De nombreux ouvrages furent construits sur le plateau d'Inkermann, rendant impossible une nouvelle surprise des Russes ; mais le temps ne favorisait pas nos travaux ; ainsi le 14 novembre un ouragan épouvantable, véritable cyclone, se déchaîna sur le plateau de

Chersonèse, causant les plus grands ravages dans les camps des armées alliées (1).

Ainsi que l'exposait le lieutenant-colonel de Cappe à l'inspecteur général le 20 novembre, les fatigues de toute nature, jointes à l'inclémence du climat et à une double épidémie de choléra et de dysenterie, avaient une fâcheuse répercussion sur les effectifs, le service des hommes restés dans le rang devenant de jour en jour plus pénible encore. Les officiers payaient, eux aussi, un large tribut aux souffrances et aux privations. Plusieurs capitaines et lieutenants durent être rapatriés, aggravant ainsi les exigences du service de ceux restés à leur poste.

Le 12 décembre, le lieutenant-colonel de Cappe, qui commandait le régiment depuis le 8 novembre, dut, à son tour, entrer à l'ambulance de la 3e division après avoir remis son commandement au chef de bataillon Reybaud. D'ailleurs, plus la saison avançait, plus mauvaises encore devenaient les conditions climatériques. Des bourrasques de neige se succédaient sans interrup-

(1) ... « De mémoire d'homme, cette terre de Crimée, faite aux bourrasques, n'avait jamais subi pareille épreuve. Du fond de l'horizon livide et rétréci, les nuages bas, rasant presque le sol, passaient d'un bord à l'autre avec la vitesse de la foudre. Rien ne pouvait tenir contre la puissance du météore. Emportés par une force irrésistible, on voyait voler des pans de baraquements et des lambeaux de tentes. Un peu abritées dans des ravins, quelques-unes des ambulances purent être sauvées de la destruction ; mais il y en eut dont les abris arrachés laissèrent tout à coup les blessés et les malades sous le battement de la pluie et le choc de la tempête ; sans le dévouement de leurs camarades, aussi héroïque et plus touchant que la bravoure au feu, ces malheureux auraient infailliblement péri. Les plus solides constructions étaient secouées comme par un tremblement de terre...

» D'un côté ni de l'autre on ne songeait plus d'ailleurs, en un pareil moment, à se battre. La nature, plus forte que les hommes, les mettait dans l'impuissance de se nuire.

» C'était, en un sens, la « Trêve de Dieu » ... » (Camille Rousset, *Histoire de la guerre de Crimée.*)

tion. Les chemins étaient défoncés et les tranchées remplies d'eau. Pour s'y rendre, nos hommes enfonçaient jusqu'à mi-jambe dans une boue liquide. Ils devaient alors rester pendant vingt-quatre heures et parfois quarante-huit heures les pieds dans cette vase glacée, la pluie et la neige sur les épaules, l'esprit tendu, pleins d'appréhensions et d'inquiétudes, sentiments dont les plus braves ne pouvaient se défendre au milieu de la nuit sombre, à quelques pas d'un ennemi invisible, mais toujours menaçant. Les Russes, en effet, ne restaient pas inactifs et leurs sorties fréquentes ne nous laissaient aucun repos.

Pour remédier dans la mesure du possible à cette continuelle insécurité, le général en chef fit appel aux hommes les plus courageux et les plus robustes de toute l'armée pour en former un corps spécial. Parmi les volontaires, 500 furent choisis et furent répartis en trois compagnies qui, sous le nom d' « Eclaireurs volontaires » ou d' « Enfants perdus », eurent pour mission de fournir la garde avancée des tranchées et l'exécution de hardis coups de mains. Le sous-lieutenant Bouttée et 20 sous-officiers, caporaux ou soldats du 4e de marine eurent l'honneur d'être admis dans ce corps d'élite.

L'année 1854, qui avait vu le commencement de cette terrible guerre, touchait à sa fin. Le 31 décembre fut une journée des plus solennelles. Les corps de « siège » et d' « observation » furent passés en revue par le général commandant en chef qui distribua à cette occasion de nombreuses récompenses aux militaires de tout grade qui s'étaient particulièrement signalés par leur courage et leur dévouement.

IV

Travaux du siège. — Attaque des Ouvrages-Blancs. — Défense d'Eupatoria. — Départ et retour de la 1re expédition de Kertch. — Démission du général Canrobert. — (1er janvier - 16 mai 1855).

La lettre suivante du commandant Reybaud, le nouveau chef de corps, au général inspecteur, fait exactement connaître la situation du régiment au commencement de 1855 (21 janvier) pendant laquelle tant d'efforts et de patience allaient enfin recevoir une éclatante sanction :

« Mon Général, en l'absence de M. le lieutenant-colonel de Cappe, entré à l'ambulance de la 3e division le 12 décembre dernier, j'ai l'honneur de vous adresser une situation détaillée du régiment et de vous donner quelques renseignements complémentaires sur sa position.

» Les deux compagnies et le détachement de 90 hommes partis de Toulon le 16 décembre sont débarqués au port de Kamiesch le 11 janvier et arrivés au camp le lendemain par un temps très froid. Le sol était couvert de neige. Heureusement que j'avais pu, quelques jours avant, faire monter un nombre suffisant de tentes turques pour les abriter. Ces compagnies sont arrivées dans des conditions peu favorables à leur acclimatement, et les hommes qui les composent sont en général d'une constitution faible. Au dire des capitaines, ce sont de jeunes soldats passés depuis peu au bataillon ou des hommes dont on n'a pas voulu pour les détachements envoyés aux colonies ; aussi je crains bien que la plus grande partie de ces hommes n'encombrent nos ambulances ou ne succombent aux fatigues du service. A partir du 13, nous avons eu pendant quatre ou cinq jours un temps affreux ; la neige tombait en abondance, poussée par un vent du nord très froid. Pendant cette dure période, le 1er bataillon qui occupait la redoute Canrobert, a reçu l'ordre de rentrer au camp.

» Depuis le 15 courant, la brigade mixte a occupé une partie des postes anglais ; nos alliés étaient sur les dents ; elle fournissait pour ce service un bataillon de garde par jour ; mais aujourd'hui ce service a encore été augmenté, et, au lieu d'un bataillon, c'est 9 compagnies et demie qu'elle fournit, de sorte que nos hommes n'ont plus que deux nuits sous la tente, indépendamment de tous les travaux de tranchée que nous fournissons journellement.

» Peu après ma prise de possession du commandement de mon régiment, je reçus l'ordre de mon général de brigade d'établir des mémoires de proposition pour l'avancement et pour l'admission dans l'ordre de la Légion d'honneur, dans les limites des pouvoirs dévolus au général en chef ; voici, d'après les propositions des deux chefs de bataillon, les noms des militaires du régiment que j'ai cru dignes d'y être portés :

Pour le grade de chef de bataillon.

MM. Leprince, capitaine (proposé pour la bataille de l'Alma);
D'Arbaud, capitaine adjudant-major.

Pour le grade de capitaine.

MM. Valière, capitaine (a été nommé le 31 décembre par le général en chef);
Ribert, lieutenant;
Prax, lieutenant;
Morville, lieutenant.

Pour le grade de lieutenant.

MM. Brien, sous-lieutenant (remplit les fonctions d'officier payeur);
Huron-Durocher, sous-lieutenant (a été nommé lieutenant le 31 décembre);
Boutté, sous-lieutenant;
Morhain, porte-aigle.

Pour sous-lieutenant.

Forest, sergent-major;
Salles, sergent-major (a été nommé le 31 décembre);
Courteau, adjudant;
Mouquéri, sergent-major;
Vaynair, sergent-major;
Bicau, sergent;
Alexandre, sergent-major;
Dauré, sergent.

Pour chevalier de la Légion d'honneur.

MM. Lebreton, capitaine (nommé le 28 décembre);
Gourbeil, aide-major;
Boutté, sous-lieutenant (nommé le 28 décembre);
Brian, sergent (nommé le 28 décembre).

Pour la médaille militaire.

Ménétrier, sergent (nommé le 28 décembre),
Robert, sergent (blessé à l'Alma, nommé le 28 décembre);
Mercier, sergent, *idem.*
Mingas, sergent, *idem;*
Pillot, caporal, *idem;*
Taddei, sergent, *idem;*
Champlouvier, caporal, *idem;*
Cairon, soldat de 1re classe, *idem;*
Mustin, soldat de 1re classe, *idem.*

. . . .

» L'état sanitaire du régiment est meilleur que je ne l'espérais ; nous n'avons en moyenne qu'un ou deux entrants par jour à l'ambulance ; mais nous avons tous les jours 50 ou 60 hommes exempts, en partie pour des maux de pied. Le temps est très doux depuis quelques jours ; aussi ne reste-t-il presque plus de neige sur la terre ; mais, en revanche, nous avons de la boue jusqu'à la cheville...

» Le siège n'avance pas ; nos batteries et nos redoutes ne sont pas encore toutes armées ; ce sont surtout les Anglais qui nous retardent ; ils n'ont plus de moyens de transport et, si nous ne leur étions pas venus en aide pour toutes sortes de choses, je ne sais pas comment ils se seraient tirés de ce siège.

» Les Russes font de fréquentes sorties sur nos tranchées ; elles sont toujours vigoureureusement repoussées par nos compagnies de garde ; elles ont lieu de nuit, de minuit à 2 ou 3 heures du matin. »

Et le commandant Reybaud ajoutait en *post-scriptum* :

« Je suis heureux de vous apprendre que dans un ordre du jour du général en chef que je reçois à l'instant M. le sous-lieutenant Boutté, qui fait partie de l'une des compagnies d' « éclaireurs volontaires » du corps de siège avec 24 hommes du régiment, y est cité » pour avoir contribué avec son détachement à repous- » ser dans la nuit du 15 du courant une sortie de 500 » à 600 Russes. »

Les mois de janvier et de février se passèrent dans des alternatives de froid intense et de dégel subit, de glace et d'humidité. L'état sanitaire s'en ressentit naturellement et les maladies de toutes sortes sévirent cruellement, diminuant sans cesse les effectifs.

L'infanterie de marine ne fut pas épargnée, car,

malgré le renfort de deux compagnies, dont il a déjà été parlé, quelques pelotons n'arrivaient pas à mettre 25 hommes sous les armes.

Lorsque les chevaux du train et de l'artillerie vinrent à être décimés par le froid et la faim, nos hommes furent employés, commes les autres soldats, au transport des vivres et des munitions.

A la date du 30 janvier, le régiment d'infanterie de marine reçut notification du décret organique du 31 août 1854 réorganisant l'arme et donnant le n° 4 au corps détaché en Crimée. Le nouveau régiment naissait sous les plus beaux auspices et il devait justifier par la suite les espérances fondées sur ses brillants débuts.

L'artillerie ennemie continuait de nous faire éprouver des pertes, minimes cependant, eu égard à la grande quantité de projectiles dont les Russes couvraient nos ouvrages. C'est le lieu de mentionner un trait remarquable de sang-froid et de bravoure qu'on a justement cité en exemple et vulgarisé dans toute l'armée.

Le 1er février, l'officier de garde à la tranchée, accompagné du caporal Odin, visitait les sentinelles que ce dernier venait de placer lorsqu'un obus vint rouler à leurs pieds, la mèche encore allumée, par conséquent sur le point de déterminer une terrible explosion. Sans s'émouvoir, le caporal Odin se précipita sur le projectile, le saisit à pleines mains et le jeta hors de la tranchée où il éclata presque aussitôt sans atteindre personne.

Cet acte de vrai courage ne fut signalé que plus tard au commandant en chef. Le caporal Odin reçut alors les galons de sergent et, au moment de rentrer en

France, le 30 avril 1856, ce brave fut fait chevalier de la Légion d'honneur.

Dès le commencement de février l'enlèvement de Malakof devint une entreprise à laquelle le commandement apporta tous ses soins ; elle devait préluder par la prise du Mamelon-Vert. Aussi, les Anglais sur le mont Voronzof, et les Français sur les hauteurs du Carénage, projetèrent-ils de construire, chacun de leur côté, une puissante batterie pour croiser leurs feux sur le Mamelon-Vert qui serait ainsi intenable.

Commencée le 16 février, la grande batterie du Carénage avançait lentement sur un sol rocailleux lorsque, durant les nuits du 21 au 22 et du 22 au 23, les Russes, avec une remarquable compréhension de la situation, élevèrent un solide ouvrage à 900 mètres en avant de nos tranchées afin d'arrêter notre progression à l'extrême droite : c'est la redoute de « Sélenghinsk » que nous appelâmes « Ouvrages-Blancs » et qui fut plus tard désignée sous le nom d' « Ouvrages Lavarande ».

Dans la nuit du 23 au 24 février, le général de Monet reçut l'ordre d'enlever de vive force cette position fortifiée avec deux bataillons de zouaves (900 hommes) et le 2e bataillon du 4e de marine (450 hommes). Le mouvement commença à 2 heures du matin et fut livré aux hasards communs à toutes les opérations de nuit. Le bataillon d'infanterie de marine, partant de l'extrémité droite des tranchées, devait suivre la crête de la hauteur et attaquer de front la redoute de Sélenghinsk. Les officiers du génie, chargés de guider les colonnes, s'égarèrent dans l'obscurité et celles-ci durent s'en rapporter aux indications de quelques zouaves qui connaissaient un peu le terrain. De plus, la nuit était obscure et le terrain, très accidenté, raviné et coupé, couvert de broussailles, entrava la marche et désunit les rangs. Le bataillon, manquant de direction sûre et privé de son chef, le commandant Mermier, qui suivait le général de Monet, errait à l'aventure et vint se heurter au 2e bataillon de zouaves. Le tumulte de la rencontre éveilla aussitôt l'attention des Russes qui appelèrent incontinent des renforts en même temps qu'ils ouvraient un feu violent sur nos hommes, presque tous des recrues, arrivés récemment de la métropole.

La surprise était éventée et personne, pas plus les zouaves que les hommes du bataillon d'infanterie de marine, ne put dépasser la crête de l'ouvrage. En vain les officiers et les sous-officiers s'élancent-ils en avant pour entraîner leur troupe, quelques soldats seulement les suivent et se jettent avec eux dans les fossés de la redoute. Ils y sont cernés par les Russes qui vont les faire prisonniers ; mais ces braves ne veulent pas se rendre et se frayent un passage sanglant à travers les rangs ennemis. Le colonel Cler, des zouaves, dut ainsi la vie et la liberté à deux officiers du 4e de marine, MM. Vagneux et Legrand. Le sous-lieutenant Rousseau, moins heureux, fut blessé et resta entre les mains des Russes ; il succomba quelques jours après dans une ambulance de Sébastopol.

L'ordre se rétablit peu à peu dans nos colonnes d'attaque; mais le général de Monet, blessé, reconnaissant du reste l'inanité d'un nouvel effort en présence du déploiement de forces qu'il avait devant lui, confirma le signal de la retraite dont la sonnerie arrivait des tranchées depuis quelques instants.

Informé de la grande supériorité du nombre chez les Russes et de l'hésitation qui s'est produite au point de l'attaque, le général Mayran, le nouveau commandant de la 3e division, avait en effet décidé de mettre un terme à cette lutte héroïque, mais par trop inégale.

« Nos pertes ne pouvaient être minimes, a dit, au sujet de cette malheureuse affaire, le général de Totleben, le vaillant défenseur de Sébastopol, car nous avions eu affaire à des troupes d'élite de l'armée française lesquelles montrèrent, dans ce combat, une bravoure très remarquable. »

Néanmoins, il est certain que la colonne formée par le 4e de marine avait été momentanément surprise par l'ouverture foudroyante du feu de l'ennemi et s'était mise elle-même à tirailler au lieu d'aller aux positions russes avec la vigueur et la décision qu'exigeaient les circonstances.

Peu après l'attaque manquée des Ouvrages-Blancs arrivait en Crimée le lieutenant-colonel de Cendrecourt, placé par le Ministre de la marine à la tête du 4e régiment. Il se présenta au régiment par l'ordre du jour suivant daté du 1er mars :

« Je suis heureux d'être enfin arrivé au terme de mon voyage et de me trouver parmi vous, mes chers camarades, qui appartenez à une si valeureuse armée.

» Vous commander sur un champ de bataille réalise mes plus chères espérances.

» Sachez bien que tous mes soins, toute ma sollicitude seront pour votre bien-être, votre avenir et votre honneur.

» Désormais, tous mes instants vous appartiennent, comme mon sang jusqu'à la dernière goutte est à notre France bien aimée.

» Vive l'Empereur ! »

Une direction plus énergique et le retour de la belle saison allaient faire disparaître le marasme relatif dans lequel était peu à peu tombé le régiment durant la période la plus laborieuse du siège.

A son arrivée au camp d'Inkermann, le lieutenant-colonel de Cendrecourt rendit compte, en ces termes, au général inspecteur de l'état dans lequel il avait trouvé le 4e de marine :

« Mon Général, arrivé à Kamiesch le 26 février, je n'ai pu débarquer que le 27 pour me rendre au camp devant Sébastopol.

» Bien que j'aie trouvé les deux bataillons expéditionnaires toujours bien posés dans l'armée, je dois avouer que l'absence simultanée du colonel et du lieutenant-colonel leur ont été préjudiciables, alors surtout qu'après les brillants combats de l'Alma et d'Inkermann il leur fallut subir les dures épreuves d'un long siège. A cette cause, il faut ajouter, mon Général, l'absence des deux officiers de santé, le grand nombre des maladies occasionnées par une saison toujours fâcheuse pour la guerre et la dissémination du corps.

» Si, dans le combat qui a eu lieu du 23 au 24 février, et à la suite duquel M. le chef de bataillon Mermier et M. le lieutenant Morville ont été seuls du corps cités à l'ordre du jour de l'armée ; si dans ce combat, dis-je, le bataillon d'infanterie de marine qui a été appelé à donner a été moins brillant que les deux bataillons de zouaves qui ont combattu avec lui, c'est que le terrain qu'il a eu à parcourir était beaucoup plus difficile et qu'avec cette difficulté la profonde obscurité de la nuit lui a fait perdre un instant la véritable direction à suivre.

» Nous serons plus heureux à la première rencontre, mon Général, je puis vous le promettre, car j'ai entière confiance dans les braves que je commande.

» Je vous ai dit que le corps n'avait plus d'officiers

de santé ; en effet, M. le chirurgien-major Japhet est toujours à Toulon et M. l'aide-major Gourbeil est entré le 24 janvier à l'hôpital de Péra à Constantinople. Le service médical du corps est fait en ce moment par les officiers de santé du 2e régiment de zouaves.

» Mon effectif des présents sous les armes n'est en ce moment que de 1.141 (devant Sébastopol). Vous trouverez sans doute convenable, mon Général, de demander à S. E. le Ministre de la marine qu'il soit augmenté.

» Le détail ci-dessous vous expliquera la réduction de mon effectif :

Disponibles	1.141	1.141
Indisponibles	68	68
Malades	123	123
Détachés dans la division	94	94
A Eupatoria	164	941
A Varna	120	
A Constantinople	108	
A Gallipoli	6	
Aux hôpitaux, en congé en France	543	
Effectif général		2.367

» Malgré des demandes réitérées, il a été impossible d'obtenir que les hommes détachés nous soient renvoyés. Quant aux 453 hommes à l'hôpital, en congé, etc., il n'en reviendra pas 10.

» Dès lors, le nombre des entrées à l'hôpital ne pouvant être balancé par celui des sorties, et les opérations du siège devenant de plus en plus sérieuses, il me faudrait un renfort de 941 hommes au moins (1).

(1) En marge de cet alinéa il a été écrit, en guise de solution à la demande du lieutenant-colonel de Cendrecourt : « 600 hommes vont être embarqués à Toulon pour être dirigés sur Sébastopol. »

» Je vous prie aussi, mon Général, de vouloir bien faire remplacer MM. Japhet et Gourbeil (1).

» Je ne terminerai pas cette lettre, mon Général, sans vous renouveler l'assurance que je ne négligerai rien pour maintenir la bonne réputation de l'infanterie de marine. »

Un mois plus tard, le nouveau commandant du 4e de marine complétait son premier compte rendu à l'inspecteur général par la lettre dont sont détachés les passages suivants :

. . . .

« Pendant le mois qui vient de s'écouler j'ai toujours été satisfait du bon esprit et des qualités solides qui ont distingué le corps au milieu des diverses épreuves d'un long siège pendant les gardes et les travaux de tranchées sous le feu toujours nourri et souvent meurtrier de l'ennemi.

» Je ne vous cacherai pas qu'à mon arrivée j'ai trouvé le 4e régiment ayant perdu beaucoup de son brillant ; que l'esprit de corps tendait à s'y perdre et qu'il y existait un commencement inquiétant de découragement. L'absence simultanée du colonel et du lieutenant-colonel, dans les circonstances critiques d'un siège et lorsqu'une haute réputation était à maintenir, était la principale cause de cet état de choses... La mésaventure de l'affaire de nuit du 23 au 24 était aussi une cause de découragement que j'avais eu lieu de remarquer. A mon avis, cette affaire avait été maladroitement exposée par M. le chef de bataillon Mermier qui, lorsqu'il était venu à parler dans son rapport de l'indécision du bataillon qu'il commandait, aurait dû

(1) En marge se trouve cette mention : « M. Vasco remplace M. Gourbeil. »

établir que sa voix n'avait pu être entendue et que les difficultés du terrain étaient presque insurmontables par l'obscurité profonde qui régnait alors, et le désordre occasionné par la colonne de gauche des zouaves qui s'était jetée sur la nôtre et en avait partagé l'indécision dont elle avait été une cause principale. Malheureusement, dans cette affaire, le bataillon d'infanterie de marine, qui était placé au centre comme réserve, se composait en grande partie des détachements de jeunes soldats nouvellement arrivés de France les 11 janvier et 3 février (1). Or, pour cette attaque de nuit, on aurait dû faire, en quelque sorte, un choix parmi les plus expérimentés et les plus intrépides.

» Mon premier soin, mon Général, a été, dès mon arrivée, de faire comprendre à notre brave régiment qu'il ne pouvait venir à la pensée de personne de lui faire un crime du malheur d'un de ses bataillons et que j'avais la conviction qu'à la première occasion nous forcerions la fortune à nous être fidèle.

» Depuis mon arrivée je n'ai cessé de m'occuper du bien-être moral et matériel du régiment qui, je vous le promets, se montrera digne de la sollicitude toute particulière dont il est l'objet de la part de S. E. le Ministre de la marine et des colonies. En vous disant que je préfère le commander à tout autre en présence de l'ennemi, c'est vous dire toute ma pensée à son égard.

» Mes travaux de siège qui sont immenses et qui font honneur au chef qui les a conçus et à l'armée qui les exécute avancent avec méthode. Nous sommes, sur divers points, très rapprochés de l'ennemi. A l'attaque

---

(1) Les deux premiers renforts envoyés avaient respectivement un effectif de 230 et de 90 hommes.

de droite, où le régiment se trouve placé, nos embuscades, souvent, ne sont pas à plus de 40 ou 50 mètres de celles de l'ennemi, et je ne serais pas étonné, en voyant l'avancement formidable de nos batteries, que le moment décisif ne fût pas très éloigné.

» En attendant, soit au milieu des dangers auxquels elle est nécessairement exposée, soit dans les camps, en toutes circonstances enfin, l'armée est l'objet de la plus entière bienveillance, de la plus complète sollicitude de la part de ses chefs, à l'exemple de notre digne commandant en chef : et aujourd'hui, officiers et soldats ne supportent pas en Crimée, si loin de la France, beaucoup plus de privations que s'ils faisaient la guerre sur les bords du Rhin...

» Permettez-moi, mon Général, de recommander à votre bienveillance les sujets méritants qui sont sous mes ordres et qui vous sont bien connus. Chaque jour ils acquièrent de nouveaux titres sous le feu de l'ennemi.

» Mais ce que je vous demande surtout, mon Général, ce que je vous demande avec instance, ce sont des hommes...

» Le printemps, dans lequel nous sommes entrés ici, et par de beaux jours, contribuera à améliorer l'état sanitaire du corps qui, du reste, n'est pas plus mauvais que celui des autres régiments de l'armée... »

Omer-Pacha ayant consenti à porter 45.000 hommes de son armée du Danube en Crimée donnait de l'inquiétude aux Russes au sujet de leurs lignes de communications. Dès le 10 février, il avait déjà 20.000 hommes à Eupatoria ; à la même époque, arrivèrent de Saint-Pétersbourg des ordres formels pour l'attaque immédiate de cette ville où devaient être vengés les griefs du Danube, ceux de Crimée et l'échec de Silistrie.

Depuis l'attaque du 14 novembre 1854, le commandant Osmont avait travaillé activement à la mise en état de défense de la place avec les deux compagnies d'infanterie de marine (185 hommes) détachées en ce point, les 68 matelots débarqués et quelques sapeurs.

Dans la nuit du 16 au 17 février, trois colonnes (22 bataillons, 24 escadrons, 400 cosaques et 108 bouches à feu) se dirigèrent sur Eupatoria et prirent position à 500 mètres des fortifications. Au jour naissant, commença une canonnade réglée (1.200 coups à l'heure) pendant que les colonnes d'assaut se formaient au centre et à droite, sur les points que ne pouvait battre l'artillerie des navires qui coopéraient à la défense. Mais, la place tenant bon, le général russe porta tout à coup son artillerie en avant et fit succéder au bombardement le tir à mitraille ; en même temps, la colonne de gauche se préparait à l'attaque derrière les murs de deux cimetières.

Enfin, quatre bataillons s'élancent à l'assaut ; mais leur élan est brisé par le feu des remparts et celui de l'artillerie des navires : quelques hommes seulement atteignent le fossé et les assaillants durent se replier en désordre. Une deuxième attaque n'eut pas plus de succès.

A 11 heures, les assaillants battirent définitivement en retraite, ayant perdu plus de 800 hommes. Les Turcs eurent 400 hommes hors de combat, et le détachement d'infanterie de marine n'eut que 4 tués et 9 blessés. L'ordre du jour suivant, adressé aux troupes françaises par le chef d'escadron Osmont, donne une idée avantageuse de la participation des deux compagnies du 4e de marine à la défense d'Eupatoria, le 17 février 1855 :

« Une armée russe composée de 30.000 hommes avec 80 canons a échoué aujourd'hui dans son attaque contre Eupatoria.

» Bien que les troupes françaises ne forment qu'une bien faible partie de la garnison, leur rôle n'a pas été sans importance. Les soldats d'infanterie de marine, en arrière des Moulins ; les marins du *Henri-IV*, dans les compagnies 4, 5 et 7, se sont trouvés aux postes les plus périlleux et s'y sont conduits d'une manière admirable. »

De son côté le Ministre de la marine, amiral Hamelin, tint à féliciter les troupes de son département de leur belle attitude dans cette circonstance, et il fit publier, à cet effet, un ordre du jour des plus élogieux pour le 4e régiment, ordre qui devait être lu dans tous les corps et détachements de l'arme, tant en France qu'aux colonies.

Devant Sébastopol, le bombardement reprit avec une formidable intensité le 9 avril dès l'aube et se poursuivit les jours suivants. « Dès le premier jour, dit le général Totleben, le bastion du Mât fut bouleversé, littéralement enseveli sous une masse énorme de projectiles creux ; il était inondé du sang de ses défenseurs. L'aspect du Grand-Redan était presque aussi terrible ; mais rien n'égalait le désastre des Ouvrages-Blancs et du Mamelon-Vert ; ces ouvrages avaient été réduits à un état de ruine complète. »

Cependant les alliés étaient perplexes au sujet de l'opportunité d'un assaut général que cette lutte d'artillerie avait fait espérer. Sur ces entrefaites, l'expédition de Kertch, à laquelle devait participer le régiment de la marine, fut décidée et apparut comme une diversion.

Le lieutenant-colonel de Cendrecourt expose ces divers événements en même temps qu'il rend compte de la situation du corps par le document suivant daté du 8 mai (lettre au général inspecteur) :

« ... J'ai appris avec plaisir que 600 hommes m'étaient accordés ; certes, le chiffre est loin d'être celui que j'avais espéré ; il est vrai qu'avec ce renfort mon effectif qui, de 2.115 qu'il est aujourd'hui, deviendra 2.715, sera au-dessus du compte réglementaire qui, pour la troupe, n'est que de :

Petit état-major	35
Section hors rang	74
18 compagnies à 112 hommes	2.016
Total	2.125

» Mais il est aussi vrai qu'en raison de mes nombreux détachements et des absents de toute nature qui pèsent sur la situation du régiment, je n'ai que : 1.200 hommes présents, dont 926, seulement, disponibles.

» De sorte que je n'aurai, malgré le renfort de 600 hommes, que 1.526 hommes disponibles pour l'assaut de Sébastopol ou tout autre mouvement décisif pouvant avoir lieu dans le courant de ce mois, ainsi que le général en chef nous l'a fait espérer à la suite des revues qu'il vient de passer aux 1er et 2e corps. Ces revues ont eu lieu le 26 et le 27 avril, par un temps magnifique. Le défilé a été très animé et s'est effectué au cri de : Vive l'Empereur ! La tenue du régiment était certainement une des plus belles.

» Nos opérations de siège marchent avec toute la méthode que les obstacles, toujours renaissants, que présente cette place de guerre, à moitié seulement investie et unique dans son genre, ne permettent pas de négliger ; c'est une guerre d'énergie et de patience, une bonne épreuve, une excellente école pour les vrais caractères militaires. Nous avons fait un excellent essai de la supériorité de notre tir pendant le bombardement qui a eu lieu le 9 et une partie du 10 du mois dernier ; mais comme nous nous trouvions encore à une trop grande distance pour pouvoir profiter, pour donner l'assaut, du désordre et du dégât que nos projectiles avaient occasionnés dans la place, nous sommes encore à continuer nos travaux d'approche et nous arriverons, car Dieu prête toujours vie à une armée française !

» Nous ne gagnons que le terrain pied à pied, généralement par des attaques de nuit qui, depuis les dernières du 16 au 17, ont eu lieu principalement du 22 au 23 mars, du 11 au 13 avril et du 1er au 2 mai, et dans lesquelles notre armée a toujours eu une supériorité très marquée.

» Le régiment ne s'est pas trouvé de service lors de ces attaques ; mais j'ai constamment été très satisfait de sa bonne contenance, de son énergie et de sa manière de servir dans la tranchée et dans les différents postes qui lui ont été confiés sous la mitraille de l'ennemi.

» Depuis le 1er février, un officier et trois hommes de troupe ont été tués ; 3 officiers et 62 hommes de troupe ont été blessés ; parmi ces derniers, un cinquième environ est mort des suites des blessures.

» M. le sous-lieutenant Barnaud est mort le 29 avril à l'ambulance de la 3e division. Il avait été frappé par un boulet au milieu du corps, étant de service dans la tranchée ; ce boulet, avant de l'atteindre, avait cassé la jambe à un soldat de la 6e compagnie, et failli tuer M. le capitaine Ladrière.

» Le même jour, à la tranchée, M. le sous-lieutenant Zimber avait été blessé par un éclat de pierre qui lui avait coupé le côté gauche de la lèvre supérieure et lui avait cassé trois dents au ras des gencives.

» Le retard que j'ai mis à vous adresser mes états du commencement du mois provient de ce que le 1er mai j'ai reçu l'ordre de me tenir prêt à m'embarquer au premier moment pour une expédition, ce qui m'a fort occupé.

A la suite de cet ordre, le 2 mai, à 4 heures du soir, je suis parti du camp d'Inkermann avec le régiment fort seulement de 1.052 hommes, laissant au camp ma musique, mes ouvriers et mes malades ; à 7 heures, je suis arrivé à Kamiesch où j'ai bivouaqué sur la plage, et le 3, à 7 heures du matin, je me suis embarqué sur le *Jean-Bart*, ayant Eupatoria pour destination annoncée officiellement.

» Le corps expéditionnaire, dont le régiment faisait partie, était composé d'une division française de 7.000 hommes et d'une division anglaise de 5.000 hommes.

» La composition de notre division était la suivante :

Général de division : D'AUTEMARE.

1re brigade : général de Saint-Pol :

17e bataillon de chasseurs à pied;
1er régiment de zouaves;
50e de ligne.

2e brigade : général Duval :

4e de marine;
14e de ligne;
21e de ligne.

Trois batteries d'artillerie.
Une compagnie du génie.

» L'escadre comptait deux vaisseaux français, le *Montebello* et le *Jean-Bart*, 6 vaisseaux anglais et 32 frégates, corvettes, avisos, tous à vapeur, appartenant aux deux nations alliées.

» On compte 70 à 75 lieues de Kamiesch à Kertch. Nous sommes partis le 3 à 5 heures du soir, ayant en tête de colonne le *Montebello* portant le pavillon de l'amiral Bruat et suivi du *Jean-Bart*. Le 4, à 4 heures du soir, nous n'étions encore que par le travers de Kaffa, ayant fait longtemps fausse route depuis notre sortie de Kamiesch pour tromper la surveillance des Russes et n'ayant par suite pris la véritable route dans le nord-est que vers 8 heures du matin ; notre destination n'étant plus Eupatoria mais Kertch, nous nous trouvions à quinze ou vingt lieues de la côte, distinguant parfaitement le sommet du mont Tchadir-Dagh, à l'ouest de Kaffa, et s'élevant à 1.500 ou 1.800 mètres au-dessus du niveau de la mer.

» Dans toute cette partie de la Crimée, presque jusqu'au détroit de Kertch, la côte est abrupte et très élevée.

» Vers 5 heures, un brouillard très épais, comme il en règne fréquemment dans ces parages pendant six mois, à ce qu'il paraît, vint obscurcir l'horizon et gêner considérablement notre marche jusqu'au lendemain entre 4 et 5 heures du matin. Ce brouillard était tellement épais que, pendant la nuit, c'était à peine si, à l'arrière du bâtiment, on pouvait apercevoir le feu placé à la corne sur l'avant. Les sonneries qui partaient de quart d'heure en quart d'heure du vaisseau-amiral étaient répétées par les autres bâtiments qui entonnaient les marches des régiments embarqués à chaque bord ; ces sonneries pouvaient seules rappeler à la direction et à la distance pour éviter les abordages.

» La mer, fort heureusement, était assez calme, et la brise presque nulle ; aussi, grâce à ces heureuses circonstances, nous n'eûmes aucune avarie à regretter.

» Le 5, à 5 heures du matin, un canot m'apporta à bord un ordre du général commandant le corps expéditionnaire ; il était daté du 4 au soir et me faisait savoir que le débarquement aurait lieu le 5 de très bonne heure ; que pour cette opération mes hommes devraient être débarrassés de tous objets non indispensables pouvant entraver leur marche ; 70 cartouches, dont 20 nessler, 4 jours de vivres dans les sacs, étaient avec les tentes-abris, tout ce qu'ils devaient emporter. Vers 6 heures, nous étions par le travers du détroit de Kertch lorsque deux avisos arrivant à toute vapeur avec des ordres très pressés furent signalés ; une heure après, l'escadre virait de bord et reprenait la route de Kamiesch, à notre grand désappointement.

» Enfin, le 6, à 8 heures du matin, après avoir longé depuis le point du jour la côte sud de la Crimée, garnie depuis Alouchti jusqu'à Balaklava d'un rempart élevé formé par la chaîne des monts Yaïla et ayant sur ses pentes du côté de la mer de fort belles habitations épargnées par la guerre, j'étais arrivé dans le port de Kamiesch, et le même jour à 2 heures j'avais repris possession de mon camp sous Sébastopol.

» Je ne doute pas, mon général, que si l'attaque de Kertch avait eu lieu, ainsi que nous l'espérions, elle eût été pour le 4e de marine une nouvelle cause de succès. Les dispositions du régiment dans le cours de cette petite expédition étaient excellentes... »

Cependant ces ordres et contre-ordres, ces hésitations et ces contradictions ne révélaient que trop une certaine hésitation dans la direction des opérations. Aussi le général Canrobert crut-il devoir se démettre (16 mai) de ses hautes fonctions de commandant en chef de l'armée d'Orient au profit du général Pelissier.

« ... En le voyant (le général Canrobert) descendre avec ce désintéressement, avec cette dignité tranquille du pouvoir militaire suprême, a dit M. Camille Rousset dans son beau-livre sur *la Guerre de Crimée ;* en le voyant accomplir sans regret un si grand sacrifice et redevenir sans effort un subordonné volontaire, elle (l'armée) lui dévouait d'un cœur ému son admiration et, plus que jamais, son respect.

» Les devoirs dont l'armée se sentait tenue envers son ancien chef ne l'empêchaient d'ailleurs point de faire au nouveau général l'accueil viril que méritait son caractère énergique. Elle sentait passer dans ses rangs un souffle vivifiant, un frémissement avant-coureur des luttes décisives. De grands espoirs s'attachaient au nom de Pélissier ; en Crimée, en France, partout il était salué avec un pareil enthousiasme, avec une égale confiance. »

V

Prise des Ouvrages-Blancs et du Mamelon-Vert. — 1er assaut de Malakoff. — Le 4e régiment d'infanterie de marine envoyé à Kertch et Iénikaleh, sa rentrée à Toulon (17 mai 1855, 15 mai 1856).

La perspective de terminer bientôt la guerre par un dernier et vigoureux coup de main contre Sébastopol donnait un regain de courage et d'énergie à tous. Nulle autre épreuve, d'ailleurs, n'aurait mieux pu tremper les caractères et les volontés que ces gigantesques travaux du siège dont l'exécution exigeait une tenacité et une patience extraordinaires. En effet, ceux qui souffraient et peinaient depuis de longs mois et dont les forces n'étaient pas atteintes étaient vraiment prêts à tout.

De leur côté les Russes ne restaient pas inactifs. Ils avaient considérablement renforcé les positions des Ouvrages-Blancs où nous avions échoué le 23-24 février et fortifié d'une façon formidable le Mamelon-Vert en avant de Malakoff.

Le nouveau commandant en chef résolut de s'emparer de cette première ligne de défense de l'ennemi, flanquée elle-même par des ouvrages accessoires et par les bâtiments mouillés en rade de Sébastopol. L'assaut fut fixé au 7 juin et fut précédé, à partir du 6 à 3 heures du soir, d'un bombardement général.

Le lendemain, dès 4 heures et demie, les colonnes d'attaque prenaient leurs positions de départ. La 3e division avait les Ouvrages-Blancs comme objectif général. La 1re brigade (4e de marine, 2e zouaves, 19e bataillon de chasseurs) devait enlever la redoute de Volhynie, en avant de la redoute de Sélenghinsk.

Le lieutenant-colonel de Cendrecourt avait ce jour-là quatre de ses compagnies en avant-postes sur la Tchermaïa ; avec les compagnies disponibles il forma deux bataillons.

Le 2e, sous les ordres du capitaine Leprince, faisait partie de la première ligne d'attaque ; le 1er, commandant Reybaud, formait la première réserve ; enfin, deux compagnies d'infanterie de marine, deux compagnies de zouaves et une de chasseurs devaient se déployer en tirailleurs pour enlever un retranchement garni d'artillerie qui prolongeait le feu de la redoute de Volhynie. A 6 heures et demie du soir, le général Pélissier donna le signal de l'attaque.

Nos tirailleurs s'élancent au pas de course vers les retranchements ennemis, se jettent résolument dans le fossé, pénètrent dans l'intérieur de l'ouvrage par la gorge par les embrasures, par tous les points accessibles enfin et se précipitent sur les artilleurs et les troupes de la défense. Les sergents Roux et Moat entrent les premiers dans les refuges de l'ennemi. Une terrible mêlée à l'arme blanche s'engage : les premiers assaillants luttent d'abord isolément un contre dix, mais leurs camarades accourent à leur secours. En un clin d'œil la position fortifiée est littéralement envahie, les canons sont encloués et les Russes, lâchant pied, sont refoulés dans la redoute où quelques audacieux pénètrent à leur suite.

Pendant ce furieux engagement, le 2e bataillon (1re ligne d'attaque) et les zouaves arrivent sous un feu terrible devant la redoute et vont en donner l'assaut. Le 1er bataillon (1re réserve) resté dans la tranchée ne peut contenir son ardeur et se précipite sur les talons du 2e ;

c'est ainsi que le 4e de marine, instantanément réuni en une seule colonne d'assaut, s'empare de la redoute.

Voici, du reste en quels termes le chef de corps rendit compte de cette brillante affaire :

« Mon général, j'étais à peine arrivé dans la tranchée le 7 de ce mois avec mes deux bataillons, forts le premier de 13 officiers et de 529 hommes de troupe et le 2e de 15 officiers et 570 hommes que le signal de l'attaque à laquelle je devais coopérer se fit entendre ; il était 6 heures et demie du soir.

» Au cri de : Vive l'Empereur ! mon 2e bataillon commandé par M. le capitaine-major Leprince, et conduit par moi, franchit avec enthousiasme les 2e et 3e parallèles ; quelque temps après, le 1er bataillon fit le même mouvement.

» Le but de la colonne sous mes ordres était de coopérer à l'ensemble du mouvement et de tourner l'ouvrage du 27 février (redoute de Volhynie) par sa gauche.

» Le terrain à parcourir, couvert par la mitraille, n'était pas sans difficulté ; un ravin assez profond le coupait à moitié chemin du but et la distance, en partant de la 2e parallèle, était assez considérable ; mais ces difficultés ne diminuèrent en rien l'élan de ma colonne dans sa marche rapide effectuée avec tout l'ordre désirable : elle se trouva, après dix minutes, devant l'ouvrage qu'elle devait attaquer.

» Une brèche existait ; elle était fortement défendue par la mousqueterie. Je m'y précipitai, suivi de ma tête de colonne ; tout ce qui put y passer escalada le parapet et une lutte acharnée s'engagea entre mes hommes et les défenseurs de l'ouvrage. Mais, attaqué à la baïonnette, l'ennemi, malgré la force de sa position et sa grande supériorité numérique, ne put résister ; il prit la fuite dans la direction de l'ouvrage du 22 février (redoute de Sélenghinsk).

» Une partie de ces hommes déposa les armes ; une seconde partie fut précipitée à la mer et une troisième partie n'arriva à l'abri des ouvrages du ravin du Carénage qu'après avoir fait les pertes les plus considérables et jonché la route d'une multitude de cadavres.

» J'aurais voulu modérer l'ardeur de mes hommes dans la poursuite de l'ennemi et les empêcher de dépasser la redoute de l'Eperon ; mais leur ardeur était si noble et le mal qu'ils causaient à l'ennemi était si réel que je ne crus devoir les arrêter que lorsque l'ennemi fut passé sur la rive gauche du Carénage.

» Ramenés dans l'ouvrage qu'ils venaient de conquérir avec leurs frères d'armes des gendarmes de la Garde, du 2e zouaves et du 19e bataillon de chasseurs, mes hommes s'employèrent activement aux travaux que la position nécessitait et ne prirent de repos que lorsque leurs devoirs furent entièrement accomplis.

» Au moment du retour et plus tard, nous avons connu nos pertes qui ont été assez considérables :

» 3 officiers tués : MM. de Morville, lieutenant ; Salles, sous-lieutenant ; Jarry, sous-lieutenant. 9 officiers blessés : MM. Guillot, Tréxon, des Pallières, Couzéneau, Valière, capitaines ; Naudot, Vailly, Brien, David, lieutenants.

» Troupe (1) : 25 tués ; 265 blessés ; 86 disparus ; soit 376 hommes hors de combat.

» J'ai adressé à M. le général commandant la division l'état des militaires de tout grade qui se sont distingués et dont vous trouverez ci-joint la copie.

---

(1) Ces chiffres furent légèrement modifiés quelques jours après. Voir à ce sujet la lettre du 16 juin ci-après.

» Le régiment a bien fait son devoir, et plus que jamais je suis fier de le commander. Vous verrez d'après les pertes qu'il a faites combien il est urgent que vous donniez des ordres pour qu'un renfort lui soit envoyé. La plupart des blessés le sont grièvement... »

L'attaque des autres colonnes avait eu un égal succès. Les Russes fuyaient vers la passerelle qui leur permettait de franchir le ravin du Carénage ; malgré un retour offensif, ils étaient définitivement rejetés par nos tirailleurs de l'autre côté de la baie.

A ce moment tous les corps étaient confondus, et chaque homme ne cherchait qu'à devancer son voisin. Mais bientôt l'ennemi se ressaisit à la faveur du feu meurtrier qui part de Malakoff et des vapeurs embossés dans la baie ; plusieurs de ses bataillons en masses compactes se rapprochent de la passerelle du Carénage et les assaillants risquent de compromettre leur succès en dépassant le but même de l'entreprise. Aussi le général Pélissier donne-t-il l'ordre de se replier sur les ouvrages conquis. Ce mouvement rétrograde est protégé par le capitaine Martin des Pallières qui rallie 200 hommes (infanterie de marine, chasseurs du 19°) et dirige aussitôt un feu nourri sur la tête de la colonne russe. Son exemple est d'ailleurs imité et une vigoureuse charge à la baïonnette refoule définitivement l'ennemi.

Le Mamelon-Vert et l'ouvrage des Carrières étaient également tombés en notre pouvoir, et nous avions gagné, dans ce mémorable assaut, les clefs de Sébastopol.

Le général en chef adressa deux ordres aux troupes qui avaient si vaillamment combattu. Dans le premier il cite à l'ordre de l'armée les capitaines des Pallières et Tréxon (qui commandaient les compagnies d'éclaireurs précédant les colonnes), le lieutenant de Barolet, le sergent Huchon et le caporal Labeille. Une trentaine d'hommes furent signalés comme étant restés debout sur le parapet du premier ouvrage pendant l'attaque pour faciliter l'escalade à leurs camarades. Cent hommes de troupe furent proposés pour la médaille militaire.

Enfin, le 16 juin, le lieutenant-colonel de Cendrecourt rectifiait ainsi son premier rapport au général inspecteur de l'arme :

« Mon Général,

» Les recherches faites dans les ambulances de l'armée depuis la dernière lettre que j'ai eu l'honneur de vous écrire le 11 de ce mois ont modifié ainsi le chiffre des tués, blessés ou disparus au glorieux combat du 7 juin.

» Ce chiffre définitif est le suivant :

» 32 tués, dont 3 officiers ;

» 290 blessés, dont 9 officiers ;

» 79 disparus ; soit au total, 401 hommes hors de combat, dont 11 officiers.

» Par suite de ces pertes et des fatigues inhérentes à notre situation je ne puis compter aujourd'hui sur plus de 1.200 disponibles.

» Pendant la quinzaine qui vient de s'écouler j'ai eu 419 hommes tués, blessés ou disparus. De sorte que le renfort de 600 hommes qui m'est arrivé n'a guère pu que combler ce vide.

» J'ose espérer, mon Général, que dans votre sollicitude pour le corps expéditionnaire vous obtiendrez de S. E. le Ministre de la marine qu'un nouveau renfort me soit envoyé par la voie la plus prompte (1) ; quelques compagnies de carabiniers me seraient du plus

(1) Un nouveau renfort de 600 hommes fut expédié de Toulon pour la Crimée en juillet 1855.

grand secours ; Toulon en possède deux parfaitement instruites.

» Nos travaux marchent avec une grande activité et resserrent Sébastopol que nous frapperons bientôt au cœur, selon l'heureuse expression de notre digne Général en chef. L'armée, malgré les nombreuses fatigues, est admirable de dévouement et d'énergie. Je continue d'être satisfait du régiment qui est plein d'ardeur et animé du meilleur esprit.

» Un grand nombre de blessés (troupe) a été amputé. Quant aux officiers blessés, ils marchent généralement vers une prompte guérison... »

Un court armistice permit de relever les blessés, d'ensevelir et de rendre les derniers devoirs aux morts. Les troupes s'occupèrent ensuite de retourner contre l'ennemi les Ouvrages-Blancs si vaillamment enlevés. Ils prirent le nom de « Lavarande » en souvenir du brave général qui avait été emporté par un boulet pendant l'assaut du 7 juin.

Celui-ci avait tourné toutes les têtes et le dénouement final apparut comme très prochain. On prépara donc l'attaque générale pour le 18 juin, jour anniversaire de Waterloo. Ajoutons que la ténacité des Russes en éveil précisément à cause de cet anniversaire de réparation possible ne le céda en rien à l'opiniâtreté légendaire des Anglais de Wellington couverts par des obstacles naturels.

Trois divisions et la Garde furent désignées pour former les colones d'assaut. L'infanterie de marine en fit partie avec sa division, la 3e. Celle-ci devait sortir du ravin du Carénage, longer la berge gauche de ce ravin et attaquer la batterie de la Pointe avec sa 1re brigade à laquelle appartenait le 4e de marine. L'autre brigade avait le Petit-Redan comme objectif.

L'assaut préluda, dès le 17 juin, vers 4 heures du matin, par un bombardement général qui fut très meurtrier. Durant la nuit du 17 au 18, les divisions gagnèrent leur position d'attaque. On convint que les zouaves de la 1re brigade (3e division) tourneraient la batterie de la Pointe par la droite pendant que les bataillons d'infanterie de marine la tourneraient par la gauche et assailleraient en même temps la courtine du Petit-Redan.

Les troupes sont dissimulées aux vues de l'ennemi, partie dans les ravins, partie à plat ventre ; on attend le signal que doit donner le général Pélissier.

Mais tout à coup le général Mayran, commandant la 3e division, sous l'influence d'une impatience fébrile qu'il ne peut maîtriser, et prenant à tort pour le signal convenu une bombe à trace fusante (1), lance prématurément ses deux brigades à l'assaut.

Elles avaient de 700 à 800 mètres à parcourir sous la mitraille et la fusillade des ouvrages ennemis ainsi que sous celui de six navires à vapeur embossés à l'entrée de la baie du Carénage. Malgré la difficulté d'avancer sous pareil feu, les tirailleurs des zouaves et de l'infanterie de marine, rivalisant de courage et d'élan, arrivèrent jusqu'aux ouvrages ennemis et s'y maintinrent pendant deux longues heures sans que nulle troupe ne pût les appuyer. Le général Mayran est frappé à mort avec nombre d'officiers et de soldats, et en dépit de tant d'héroïsme ses belles troupes doivent finalement se replier dans le ravin du Carénage.

L'infanterie de marine s'était très vaillamment conduite. Le colonel Saurin, des zouaves, ne put retenir son admiration pour les fantassins bleus qui avaient

---

(1) Le signal convenu était un bouquet de fusées à étoiles tiré de la redoute Victoria.

combattu à côté de ses hommes, lesquels passaient, à juste titre, pour les premiers soldats du monde : « Votre régiment, s'écriait-il le soir, en s'adressant au lieutenant-colonel de Cendrecourt, a été admirable ! J'ai vu partout vos hommes à la tête de mes zouaves ! »

Sur 600 hommes effectivement engagés ce jour-là, le 4e de marine eut 67 tués et 155 blessés ! Au nombre de ces derniers se trouvait son chef, le lieutenant-colonel de Cendrecourt. Il succomba quelques jours après à ses blessures et fut inhumé sur le plateau d'Inkermann.

Voici en quels termes l'amiral Bruat fit part de cette triste nouvelle au Ministre de la marine :

« J'ai la douleur de vous annoncer la perte du brave colonel de Cendrecourt qui a succombé aux blessures qu'il avait reçues au combat du 18 juin. Les derniers devoirs lui seront rendus sur le plateau d'Inkermann ; j'ai l'intention d'assister à cette cérémonie, car je tiens à donner le témoignage de mon estime et de ma sympathie à ces officiers qui ont si dignement payé de leur personne depuis le commencement du siège. »

Les capitaines Graève et Leprince, le lieutenant Eynard, les sous-lieutenants Cerut et Hachon étaient au nombre des morts. Le commandant Reybaud ; les capitaines de Barolet, Ladrière et Noquet ; les sous-lieutenant Dufresne et Zimber étaient blessés.

La solidité et la bravoure du régiment, si bien mise en relief par les assauts des 7 et 18 juin, furent ratifiées par de nombreux avancements en grade et de non moins nombreuses distinctions, encore que le général en chef fût, en cette circonstance, très sobre de récompenses. Ainsi le commandant Reybaud fut promu lieutenant-colonel ; il reprit le commandement du régiment dont le rôle actif touchait du reste à sa fin. Ses rangs avaient, en effet, été si éclaircis par le feu de l'ennemi, qu'il ne pouvait plus continuer le service actif des tranchées, ayant perdu le tiers de son effectif et la moitié de ses cadres. Il fut, en conséquence, désigné, le 19 juin, pour aller occuper Kertch et Iénikaleh, point stratégique important de la mer d'Azof (1). Il devait être remplacé dans la 3e division par le 30e de ligne, et passait sous les ordres du général Sol, commandant supérieur des ports de la mer d'Azof.

Embarqué le 21 juin sur le *Canada,* le 4e de marine arriva quatre jours après à sa nouvelle destination. Le 1er bataillon occupa Iénikaleh et le 2e Saint-Paul avec deux compagnies détachées en poste avancé à Kertch. En outre du détachement qui s'y trouvait déjà, le régiment dut envoyer, le 10 juillet, deux nouvelles compagnies à Varna pour y assurer le service de la place. Il avait de plus deux petits dépôts, l'un à Kamiesch et l'autre à Constantinople, et deux compagnies en garnison à Eupatoria.

Le compte rendu ci-après du lieutenant-colonel Reybaud, daté d'Iénikaleh, 26 juillet, résume les conditions générales dans lesquelles se trouvait le régiment au commencement du second semestre de l'année 1855.

. . . .

« Si je ne vous ai pas adressé de rapport sur l'affaire du 18 juin, c'est qu'à ma descente de garde, le 19 du

---

(1) Dès sa prise de commandement, le général Pélissier avait voulu priver les Russes des immenses approvisionnements réunis dans les ports de la mer d'Azof afin de les obliger à se ravitailler par Perekof, ce qui était une manière de les affamer en Crimée. Il avait donc fait reprendre la mer, le 21 mai, à la division d'Autemare à laquelle se joignirent une division anglaise et une division turque, en tout 15.000 hommes. Le régiment d'infanterie de marine ne fit pas partie, cette fois, de l'expédition et ne fut envoyé à Kertch et Iénikaleh qu'après l'assaut du 18 juin. Le 27 mai, le général en chef avait pu rendre compte du succès complet de cette courte campagne dans la mer d'Azof.

même mois, le colonel de Cendrecourt, que je fus voir à l'ambulance, m'informa qu'il l'avait adressé lui-même.

» Le régiment est arrivé sur le *Canada* en face de Kertch le 24 juin dernier ; le 1er bataillon a été détaché à Iénikaleh et le 2e à Saint-Paul. On compte entre ces deux points une vingtaine de kilomètres; la distance est moins grande par mer ; mais les communications sont souvent impossibles à cause des vents et des courants. Depuis notre arrivée, les hommes sont employés aux travaux de fortifications de Saint-Paul et d'Iénikaleh.

» Conformément aux ordres du général en chef, 2 compagnies (11e et 13e) ont été embarquées le 10 de ce mois sous le commandement de M. le capitaine Valière, pour aller tenir garnison à Varna.

» Ce détachement, ajouté à celui d'Eupatoria, complique l'administration en ce qui concerne l'envoi des fonds parce que nous n'avons ici aucun argent du Trésor et que l'officier payeur est obligé d'aller tous les mois à la division (sur la Tchernaïa) pour y toucher la solde. J'ai, outre le petit dépôt de Constantinople, un petit dépôt à Kamiesch, commandé par un lieutenant.

» Si, comme le bruit en court, on détache encore deux compagnies à Anapa, nous ferons vraiment ici un véritable service de gardes-côtes.

» Depuis le commencement du mois, j'ai fourni 85 hommes pour aller faucher les prairies qui se trouvaient dans les environs de notre camp, et, le 22, par ordre de M. le lieutenant-colonel d'état-major Osmont, commandant supérieur, 4 compagnies (deux du 1er bataillon et deux du 2e), sous le commandement de M. le capitaine adjudant-major d'Arbaud, avec tous les faucheurs de profession, ont été envoyés à la Fontaine-des-Jardins, à 7 kilomètres à l'ouest de Kertch, pour couper de 1.500

à 2.000 hectares de blé ; 200 hommes sont employés à la moisson, 100 à leur protection en cas d'attaque de la part des cosaques, et le reste, au nombre d'une soixantaine, font les diverses corvées du camp ; les moissonneurs reçoivent 1 franc par jour, et les hommes de service 50 centimes ; ce détachement rentrera au camp du 10 au 14 août, que la moisson soit ou non terminée...

» ... L'état sanitaire, qui, dans les premiers jours de notre arrivée, n'était pas satisfaisant, est assez bon depuis le commencement du mois ; les maladies régnantes sont la diarrhée, quelques cas de dysenterie, de scorbut, de fièvre typhoïde et de fièvre intermittente. Depuis trois semaines environ nous n'avons pas eu de cholériques dans le camp d'Iénikaleh. Le bataillon campé à Saint-Paul nous en a envoyé quinze depuis notre arrivée. Nous avons eu vingt-deux décès dont seize imputables au choléra, quatre à la fièvre typhoïde, un à la dysenterie et un à la méningite.

» J'ai installé dans un hôpital russe l'infirmerie régimentaire et j'ai trouvé dans ce bâtiment une cinquantaine de bois de lit, une centaine de paillasses, autant de draps, quelques matelas et quelques couvertures.

» Afin de pouvoir donner à notre aide-major la possibilité de faire quelques prescriptions alimentaires à ses différents malades, j'ai ordonné qu'il serait versé à l'ordinaire de l'infirmerie 20 centimes par homme et par jour.

» Dans le 2e bataillon, nous avons une baraque en planches pour infirmerie ; mais le service de santé n'y est pas fait avec tous les soins désirables... »

Dès leur arrivée à destination, les détachements s'occupèrent activement de leur installation, tout en se renseignant sur les mouvements de l'ennemi. C'est ainsi que, le 18 juillet, le commandant des Pallières, avec

200 hommes, fit la reconnaissance du village de Kop-Soraï-Min, à 6 lieues de Saint-Paul. Il rentra le soir du même jour, avec quatre cents têtes de bétail, suivi à distance par un escadron de cosaques. L'état sanitaire alla s'améliorant, cependant que le régiment se reconstituait peu à peu. Le 1er août, huit compagnies reçurent la carabine à tige, et le dernier renfort que devait recevoir de France le régiment, 600 hommes, arrivait à destination.

Le 8 septembre 1855, Sébastopol tombait enfin en notre pouvoir après un mémorable assaut. La grande nouvelle fut accueillie à Kertch avec des transports d'enthousiasme mêlés au regret de chacun de n'avoir pas pris part au dénouement de l'inoubliable siège après en avoir suivi pendant neuf mois les phases les plus dures.

Le 18 septembre, le 4e de marine cessa définitivement d'appartenir à la 3e division. Le général Espinasse, qui la commandait, fit à ce sujet paraître l'ordre du jour suivant :

« Bien que le général n'ait jamais eu sous ses ordres (il avait récemment pris le commandement de la division) le 4e régiment d'infanterie de marine détaché depuis près de deux mois à Iénikaleh, il n'ignore pas les services honorables rendus par ce brave régiment depuis le commencement de la campagne et la part glorieuse qu'il a prise, tant au siège de Sébastopol qu'aux journées dont les dates ont illustré les drapeaux de la division. Les batailles d'Alma et d'Inkermann, la prise des Ouvrages-Blancs, la journée du 18 juin où le 4e de marine s'est fait remarquer par sa bonne tenue sous le feu qui l'a décimé pendant plusieurs heures sont autant de souvenirs auxquels le 4e sera éternellement associé dans nos cœurs.

» Le général est certain à l'avance d'être le fidèle interprète des sentiments qui animent les troupes de la 3e division en offrant au 4e de marine, en leur nom et au sien propre, l'hommage qu'il a mérité par sa valeur et les regrets que nous ressentons de nous séparer de lui. »

En transmettant cet ordre aux divers corps le Ministre de la marine s'exprimait ainsi :

«Cet ordre qui honore non seulement le 4e régiment mais encore l'arme tout entière, puisque tous les autres corps ont fourni des contingents aux bataillons de guerre, devra être lu à trois appels consécutifs dans les portions de corps de troupe de la marine en France et aux colonies. »

Malgré tant de travaux et de souffrances la guerre n'était pas encore terminée et l'hiver approchait à grands pas. Il fallut donc s'occuper de construire des baraquements pour les troupes, des magasins et des ambulances.

Comme on manquait de tout on demanda à la guerre d'y pourvoir.

Sur la côte d'Asie, précisément en face de Kertch et à 5 milles environ, s'élevait près de Taman le fort de Phamagoria, presque démantelé, mais renfermant de belles casernes et des établissements pouvant loger plusieurs milliers d'hommes. Le village de Taman était assez vaste, bien approvisionné et bien bâti. Sa prise nous assurait tous les matériaux nécessaires à la construction de nos baraques, tout en privant les Russes d'un établissement important ; une expédition sur Taman fut donc décidée.

Quatre compagnies, sous les ordres du commandant d'Arbaud, un bataillon anglais et un détachement de marins s'embarquèrent le 2 septembre sur quatorze canonnières qui vinrent jeter l'ancre devant le fort de Phamagoria. La forteresse fut enlevée sans coup férir et dès le lendemain les travaux de démolition commencèrent et se continuèrent pendant dix jours.

Le 4e de marine, c'est-à-dire la portion du corps détachée dans la mer d'Azof, fut peu après réuni en entier à Saint-Paul qui fut mis en état de défense, car le maréchal Pélissier croyait que les Russes, désormais libres de leurs mouvements, porteraient leurs vues sur les autres points occupés par les alliés.

Le 1er novembre, le colonel Brunet vint prendre le commandement du régiment ; c'était le sixième chef de corps (1) depuis le commencement de cette rude campagne qui usa tant d'hommes.

Aucun événement saillant ne marqua la fin de l'année 1855 ni le commencement de l'année suivante. Les opérations étaient partout arrêtées, la parole étant maintenant aux diplomates. Sur ces entrefaites le général Sol vint passer au régiment une sorte d'inspection générale au camp de Saint-Paul.

Le colonel Brunet en rendit compte en ces termes au général Fitte de Soucy :

« J'ai l'honneur de vous informer que M. le général Sol est venu par ordre de S. E. M. le Maréchal nous passer une espèce d'inspection générale. Il est resté quatre jours parmi nous et m'a témoigné avant de retourner à Kamiesch sa grande satisfaction sur ce qu'il avait vu. Bien que sa revue ne nous ait point été annoncée et qu'il nous ait surpris, il a trouvé les choses dans un état aussi parfait que les circonstances le permettent ; notre tenue, qu'il a trouvée magnifique, le parti que nous avons su tirer de tout pour nous loger, cette installation qu'il met au-dessus de celle des autres corps de l'armée et à laquelle il attribue en grande partie

(1) 1° Bertin-Duchâteau ; 2° de Cappe ; 3° Reybaud ; 4° de Cendrecourt ; 5° Reybaud (2e fois) ; 6° Brunet.

la bonne santé de nos hommes, l'instruction théorique des officiers, la seule dont il ait pu s'assurer, l'ont surtout parfaitement satisfait et il a bien voulu me le dire à plusieurs reprises. »

Sur un autre théâtre, à Varna, un grand incendie avait éclaté au début de janvier 1856 dans des magasins remplis de suif. Grâce au dévouement de la garnison (deux compagnies du 4e de marine), l'incendie fut arrêté et le propriétaire, reconnaissant, offrit une somme importante qui ne fut acceptée qu'à la condition d'être employée au soulagement des camarades blessés en Crimée. Le maréchal Pélissier porta ce bel acte de désintéressement à la connaissance de l'armée par un ordre du jour des plus élogieux.

L'armistice du 18 mars fit pressentir une paix prochaine. Celle-ci fut signée le 2 avril ; c'était la fin de cette interminable guerre et le retour en France. Le maréchal commandant en chef annonça cette grande nouvelle par un ordre vibrant d'enthousiasme.

Du 2 au 8 mai, toutes les compagnies du régiment qui se trouvaient à Saint-Paul s'embarquèrent sur les bâtiments de guerre qui formaient la station de la mer d'Azof. La *Gorgone* et l'*Uranie* débarquèrent à Toulon le 15 mai, 30 officiers et 1.567 hommes de troupe. Pour beaucoup, l'absence avait été de plus de deux ans !

Le vice-amiral, préfet maritime, fit au régiment l'accueil qu'il méritait :

« Soldats, s'écria-t-il, les remerciements et les félicitations de la Patrie vous accueillent sur nos rivages et j'accours saluer votre drapeau qui a flotté si glorieusement à l'Alma, à Eupatoria et à Sébastopol. L'aigle de l'infanterie de marine a vaillamment tenu sa place parmi les aigles victorieuses de notre armée d'Orient qui a fait l'admiration du monde comme elle fait l'orgueil de la France.

» Braves soldats ! à la fin d'une immortelle campagne, héroïquement conduite, honorablement terminée, le retour de vos nobles bataillons est une véritable fête pour la marine militaire dont je suis heureux de vous apporter les cordiales sympathies.

» Honneur à l'infanterie de marine ! »

VI

L'artillerie de marine au siège de Sébastopol

(1854-1856).

La participation de l'artillerie de marine à la campagne de Crimée fut aussi brillante que celle de l'infanterie de marine.

Mais avant de coopérer à ce siège fameux, l'artillerie de marine fut d'abord débarquée en Grèce, au Pirée. Les mauvaises dispositions de cette puissance, qui donnait un appui à peine dissimulé aux mouvements insurrectionnels de Thessalie, obligea, en effet, les alliés à faire une démonstration militaire sur le territoire grec. Le général Forey débarqua donc au Pirée, le 25 mai 1854, avec sa division, la 4e, et, quatre jours après, il partit pour Gallipoli en y laissant un fort détachement. Le 29 juin suivant, la brigade Mayrand remplaça ce détachement au Pirée.

En même temps, les 3e, 13e et 14e compagnies du régiment d'artillerie de marine, désignées depuis le 3 mai pour l'armée d'Orient et parties de Toulon le 21 juin sur l'*Infernal*, débarquèrent également au Pirée sous le commandement du chef de bataillon Maréchal. Ces trois unités firent partie du « camp » établi près d'Athènes jusqu'en février 1855, époque où le *Solon* les transporta à Kamiesch, en Crimée. Au cours de leur séjour en Grèce, ces unités n'eurent pas à souffrir du feu de l'ennemi, mais le choléra et le typhus firent parmi elles un certain nombre de victimes.

Au mois de mars suivant, deux nouvelles compagnies, les 6e et 12e, allèrent rejoindre les trois premières devant Sébastopol. Et en outre de ces cinq compagnies, l'artillerie de marine avait encore formé, dès le 30 mai 1854, un détachement de 50 fuséens, sous les ordres du capitaine Sardou, à destination de la mer Noire. Il y eut aussi de nombreux détachements de l'arme embarqués sur les bombardes de la flotte. Enfin, en juillet 1855, il fut créé pour les batteries de la marine devant Sébastopol un « atelier d'artifices » à la tête duquel fut placé le capitaine Virgile.

Mais pour avoir une idée suffisamment exacte de la participation de l'artillerie de marine au siège de Sébastopol, il est nécessaire de passer successivement en revue les batteries construites ou servies par cette arme, d'après l'historique officiel du service de l'artillerie devant cette place. A ce sujet il est bon d'observer qu'il ne s'agit pas ici d'un rapide effort d'ensemble, mais bien d'une lente action morcelée, fragmentaire, dont toutes les parties sont concourantes. Au surplus, les travaux d'un siège n'ont pas l'allure dégagée et entreprenante d'opérations de guerre en rase campagne et qui décuplent les courages ; de sorte que, comme toutes les troupes d'artillerie et du génie, l'artillerie de marine eut à déployer devant Sébastopol ce courage froid et patient qui seul assure le succès final en portant au maximum le rendement de chacun.

Batteries des attaques de gauche contre la ville ; batterie n° 30. — Elle se composait de dix canons obusiers de 30 et avait été construite par l'artillerie de terre. Elle fut servie par l'artillerie de marine sous les ordres du capitaine de Dompierre d'Hornoy. Cette batterie ouvrit le feu le 9 avril et fut supprimée à la fin du mois de juin 1855 après avoir rendu de bons services et avoir parfaitement rempli l'objet de sa création.

Batteries des attaques de droite contre Malakoff ; batterie n° 4. — Elle se composait d'abord de quatre canons anglais de 32 qui furent remplacés en avril 1855 par des canons français de 30. Elle fut ensuite servie par l'artillerie de marine à partir du 2 juin 1855 (capitaines Corréard, Virgile, Delsaux, Valleray). Les canonniers d'artillerie de la marine la servirent avec un entrain remarquable dans tous les engagements, et notamment les 6 et 7 juin où ils eurent à soutenir une lutte des plus vives contre l'artillerie russe des Ouvrages-Blancs et du Mamelon-Vert. Dans cette dernière lutte la batterie eut 16 hommes hors de combat, dont les capitaines Virgile et Corréard.

« Le soir (6 juin) venu, les Ouvrages-Blancs tenaient seuls têtes à l'attaque ; le Mamelon-Vert, les batteries adjacentes, le bastion Malakoff étaient réduits au silence.

» Le 7, vers 5 heures du soir, la redoute Selenghinsk, la redoute Volhynie, la lunette Kamtchatka, leurs batteries de soutien, n'offraient plus que des ruines, merlons démolis, embrasures détruites, traverses croulantes, parapets rasés, fossés comblés... » (C. Rousset.)

Batterie n° 31. — Elle comprenait seulement deux canons obusiers de 80 de la marine et fut construite par l'artillerie de marine (capitaine Corréard) en juillet 1855. Toutefois elle n'ouvrit le feu qu'au moment du dernier bombardement de Sébastopol et fut supprimée après la prise de la ville. Avec les batteries n°s 21, 22 et 26 elle concourut efficacement à chasser les bateaux à vapeur qui cherchaient à s'embosser à l'entrée de la baie du Carénage.

Batterie n° 40. — Etablie avec deux canons russes de 24 pris dans les Ouvrages-Blancs, elle n'ouvrit le feu que le 8 septembre et fut ensuite supprimée.

Batterie n° 41. — Composée de quatre mortiers de 27, elle fut construite en août 1855 et servie par l'artillerie de marine, sous les ordres des capitaines Corréard, Virgile et Francon. Elle ouvrit le feu le 5 septembre et fut conservée après la prise de la ville.

Cette batterie tira du 5 au 8 septembre sur les ouvrages de la Pointe. Le jour de l'assaut, elle lança une douzaine de bombes sur les vaisseaux qui vinrent se présenter à l'entrée de la baie du Carénage et en tira en outre une vingtaine sur la route du « bord de la mer », au débouché des ravins d'Ouchakof et d'Oupatanof où se trouvaient les réserves ennemies. Enfin dans la soirée du 8, elle lança encore près d'une centaine de projectiles sur le Petit-Redan et contribua ainsi puissamment à hâter la retraite des Russes qui occupaient cet ouvrage.

La batterie n° 41 causa beaucoup de mal à l'ennemi, tant par les pertes qu'elle lui fit éprouver que par les dégâts matériels et le désordre qu'elle occasionna dans les ouvrages de la Pointe. Ainsi, le 8 septembre, la batterie russe de 2 mortiers, en arrière de la Pointe-Basse, dut-elle cesser son feu vers 7 heures du matin pour ne plus le reprendre.

Cette batterie remplit donc pleinement l'objet de sa construction lors du dernier bombardement de Sébastopol où son concours fut très efficace grâce à son tir précis.

Rive sud de la rade, partie droite. Batterie n° 3. — Cette batterie, capitaine Chevillotte, fut commencée par l'artillerie de marine et remise à l'artillerie de terre.

Rive sud de la rade, partie gauche. Batterie n° 1. —

Composée de deux obusiers turcs de 28 1/2 et de 2 obusiers de 80 (français), tirant à ricochet ; elle fut construite et servie par l'artillerie de marine (capitaine Thory).

Batterie n° 8. — Composée de quatre mortiers à plaque de 32 de la marine (capitaine Delsaux), servie par l'artillerie de marine au mois d'octobre 1855 ; elle ouvrit le feu le 1er de ce même mois et le cessa le 26.

Cette batterie se fit remarquer par la grande justesse de son tir et par les effets considérables qu'elle produisit dans le fort du Nord.

Batterie n° 10. — Construite par l'artillerie de marine (capitaine Marchet) à la fin d'octobre, elle ne fut jamais armée.

Cette énumération montre le rôle relativement important joué par l'artillerie de marine devant Sébastopol où son effectif fut en moyenne d'environ 800 canonniers avec 35 officiers. Ses pertes en hommes de troupe furent de 31 tués et de 91 blessés. Les capitaines Gouhot et de Dompierre d'Hornoy furent tués, respectivement les 5 et 8 septembre 1855, ainsi que le sous-lieutenant Roy (8 septembre). Sept officiers furent blessés plus ou moins grièvement au cours de l'année 1855 : lieutenant-colonel Pélissier à la Tchermaïa, le 16 août ; capitaine adjudant-major Besançon, les 11 et 25 avril ; capitaine Chevillotte, le 1er mai ; capitaine Virgile, le 9 juin (2 blessures) ; capitaine Lamour, le 8 septembre ; sous-lieutenant Dard, le 6 juin. Le sergent Bonnaud, qui fut blessé le 22 mai et nommé sous-lieutenant le 6 juin, mourut, le 2 juillet, à Constantinople des suites de ses blessures.

En juillet 1855, le chef de bataillon Maréchal, promu lieutenant-colonel, fut remplacé à la tête des batteries d'artillerie de marine devant Sébastopol par le commandant Brault.

Dès le mois de février 1855, un officier supérieur de l'arme, le chef de bataillon Pélissier, fut attaché à l'état-major du général commandant le 1er corps de l'armée d'Orient ; plus tard, cet officier reçut le commandement d'un groupe de sept batteries (nos 22, 21, 41, 28, 32, 26 et 35) dirigées contre Malakof, le Petit-Redan et le bastion de la Pointe et dont le feu eut un effet très considérable dans la journée du 8 septembre.

Enfin, le 28 décembre 1855, le capitaine Francon avec la 6e compagnie d'artillerie de marine prit part à l'expédition de Kimburn.

La belle attitude de l'artillerie de marine au siège de Sébastopol fut sanctionnée par de nombreuses récompenses. En outre, à la suite des opérations de la première partie du siège, le 31 mai 1855, furent cités à l'ordre du 1er corps de l'armée d'Orient : les capitaines Thory et Lamour ; le sergent-major Storr ; les caporaux Diétrich, Lorrain et Fèvre, pour la brillante conduite dans les nuits du 22 au 23 et du 23 au 24 mai (enlèvement des embuscades russes devant Sébastopol). Le canonnier Schweitzer fut mis à l'ordre du jour de l'armée, le 15 juin, pour « s'être précipité dans une embrasure le 6 juin pour la dégager quand un artilleur venait d'y être tué peu de temps auparavant ».

Mais la campagne de Crimée était glorieusement terminée. Comme l'infanterie de marine, l'artillerie de marine s'était montrée à la hauteur des rudes épreuves de la véritable guerre. Aussi, à l'issue de cette pénible autant que longue expédition, fut-il décrété que le nom de Sébastopol, désormais si glorieux pour l'arme, serait inscrit sur le drapeau du régiment d'artillerie de la marine pour rappeler le rôle brillant joué par les artilleurs de marine pendant le siège.

VII

Observations.

Telles ont été, et la contribution que l'infanterie et l'artillerie de marine ont prêtée à l'armée française durant la guerre de Crimée, sur le sol de la Chersonèse, et les circonstances générales dans lesquelles cette contribution a été fournie.

Mais la participation de ces troupes à la guerre contre la Russie n'a pas été bornée à ce seul théâtre de lutte, et il a paru intéressant de faire ressortir en quelques mots l'étendue de l'effort d'ensemble qui leur fut demandé dans ces conjonctures.

En effet, parallèlement aux opérations principales de la guerre anglo-franco-russe en Crimée, une importante diversion fut faite dans la Baltique par les escadres combinées de France et d'Angleterre.

Indépendamment de la division Baraguay-d'Hilliers et d'un corps anglais qui ne furent d'ailleurs organisés que plus tard et en vue d'un objectif déterminé, la flotte française prit en premier lieu à son bord 2.200 hommes d'infanterie de marine en 22 compagnies, et 300 hommes d'artillerie de marine répartis en 3 compagnies. Ce petit corps expéditionnaire fut placé sous les ordres du colonel Fiéron, du 2e régiment d'infanterie de marine. Les 1re, 2e et 4e compagnies d'artillerie de marine étaient commandées par le chef de bataillon Frébault ; elles furent plus tard versées dans le corps aux ordres du général Baraguay-d'Hilliers.

D'autre part, la division Forey comprenait un bataillon d'infanterie de marine quand elle débarqua au Pirée le 25 mai 1854. Ce bataillon resta en Grèce après le départ de cette division et fut ultérieurement rejoint par un 2e bataillon qui vint remplacer, en Grèce, avec un régiment anglais, la brigade Mayran transportée en Crimée. Le lieutenant-colonel de Vassoigne partit de France avec la 26e compagnie du 2e régiment, le 9 octobre 1854. Trois jours après, les 20e, 21e, 23e, 32e, 33e et 37e compagnies prenaient aussi la mer, et, le 19 octobre, la 19e compagnie s'embarquait à son tour pour le Pirée.

Dès lors, le corps expéditionnaire de Grèce comprit deux bataillons d'infanterie de marine, soit 1.856 hommes et 52 officiers, ainsi qu'un détachement d'artillerie de marine de 25 hommes avec un officier.

En résumé, l'infanterie de marine avait fourni, approximativement au cours des années 1854 et 1855, les effectifs suivants pour la guerre contre la Russie :

	Hommes de troupe.
Régiment de Crimée	2.221
Renforts successivement envoyés	1.520
Corps expéditionnaire de Grèce	1.856
22 compagnies des 1er et 2e régiments embarqués pour l'expédition de Bomarsund (1)	2.200

Soit au total un contingent d'au moins 8.000 hommes, en y comprenant les officiers.

De son côté, l'artillerie de marine avait, dans les

(1) Par décret du 13 novembre 1854, le nom de Bomarsund fut inscrit sur les drapeaux des 1er et 2e régiments d'infanterie de marine.

mêmes conditions, mis sur pied les effectifs approximatifs ci-après :

Cinq compagnies devant Sébastopol....	800
Trois compagnies dans la Baltique....	300
Détachement de fuséens..................	50
Détachement du Pirée.....................	25

Soit au total au moins 1.200 hommes de troupe et 1.300, en y comprenant les officiers.

Quinze ans plus tard, la campagne contre l'Allemagne allait mettre en relief les nombreuses ressources des troupes de la marine en hommes et jeter un nouveau lustre sur leurs qualités militaires déjà si brillamment affirmées en Crimée.

BIBLIOTHÈQUE NATIONALE R.F. IMPRIMÉS

FIN

TABLE DES MATIÈRES

Paris et Limoges. — Imp. milit. Henri CHARLES-LAVAUZELLE.

www.ingramcontent.com/pod-product-compliance
Ingram Content Group UK Ltd.
Pitfield, Milton Keynes, MK11 3LW, UK
UKHW021201220726
13924UKWH00003B/1261

9 782019 921781